アドラーに学ぶ部下育成の心理学

ogura hiroshi
小倉広

日経BP社

はじめに　今こそアドラーの教えを企業経営に生かす時

２０１３年末から関連書籍が相次いで発売され、ビジネス誌で特集が組まれるなど、「自己啓発の源流」と言われるアルフレッド・アドラーの心理学は今、ブームの様相を呈しています。

アドラー心理学は「精神病患者のための心理学」ではなく「健常者のための心理学」と呼ばれます。アドラーおよびアドラー心理学の後継者たちは、研究対象として「子育て」や「学校教育」に関心を向けてきました。その結果、アドラー心理学を学ぶ人の多くは、長い間、学校の教員や子どもを持つ母親でした。しかし、アドラーの理論は、実はビジネスの世界でも人材育成の大きな力になります。

そもそもアドラー心理学は、あらゆる課題を対人関係の課題であると考えます。そして、対人関係を円滑にするための考え方や方法論に言及しています。そのため、コミュニケーションや人間関係作りに非常に有効な教えを多く含みます。

組織人事コンサルタントとして企業の人材育成を支援してきた私は、アドラー心理学を学んだ時に「この理論はビジネスの人材育成にこそ生かされるべきだ」と強く思いました。それが本書を執筆するに至った動機です。

アドラー心理学による教育論を一言で言うと、「ほめない、叱らない、教えない教育」と言うことができるでしょう。しかし、この理論は子育てには有効であるものの、企業の人材育成には適さないと見られてきました。なぜならば、企業組織においては「短期的な結果を出すこと」が必須だからです。「人さえ育てばいい。目先の数字など上げなくてもいい」などと言う経営者はどこにもいません。

しかし、私は目先の業績と中長期的な人材育成の両立は十分に可能だと考えています。「ほめない、叱らない、教えない教育」は企業の人材育成においても効果を上げることができるのです。「時代の100年先を行っていた」と言われるアドラー心理学は、世に出た当初、革新的すぎて理解されにくかった面があります。その理論が現代のビジネス社会で今まさに必要とされていると私は思います。

では、どのようにすれば、アドラー心理学をビジネスの人材育成に応用できるのでしょうか。まずはプロローグで、その全体像を見ていただきたいと思います。

アドラー心理学が単なるブームに終わらず、日本の企業社会に深く根を張るように、理論の応用法を具体的に、わかりやすくお伝えすることが本書の役割であると考えています。

目次

第4章 「自然の結末」を体験させる

第5章 「論理的結末」を体験させる

第6章　課題を分離し、境界線を引く

プロローグ
「常識をくつがえす」アドラー心理学の教え

ほめてはいけない

あなたの部下が難易度の高い目標を達成したとします。上司もしくは先輩である、あなたはその部下にどのように声をかけるでしょうか。

（A）目標達成は当然のことなので何も言わない
（B）「よくやった！」とほめる
（C）「すごいなあ」と感心する
（D）「チームのためにありがとう」と感謝する

一般的には（B）の「ほめる」が正解、と考えられているのではないかと思います。しかし、私が学んでいるアドラー心理学ではほめることを否定します。ほめることは「上から目線」であり、「相手の自律心を阻害し、依存症の人間を作る」と考えるからです。そして（C）や（D）のアプローチを推奨します。

アドラー心理学では（C）や（D）を（B）の「ほめる」と明確に区別して、「横から目線」の「勇気づけ」と呼びます。しかし、上から目線の「ほめる」と横から目線の「勇気づけ」は一見すると似ているため、その違いがわかりにくいと感じる方も多いと思います。

では「勇気づけ」とは何でしょうか。そして「ほめる」はなぜいけないのでしょうか。この後、第1章で詳しく学んで参りましょう。現段階では以下のように覚えておいてください。

「ほめてはいけない。そうではなく『勇気づけ』という方法があるのだな」と。常識をくつがえす謎解きは後ほどにいたしましょう。

叱ってはいけない

あなたの部下が目標に対して未達成、しかも大きくショートし、達成率が60％だったとします。そして、その部下の日頃の行動には、残念ながら、あまり頑張りが見えませんでした。そんな時、上司もしくは先輩である皆さんは、その部下にどのように声をかけるでしょうか。

（A）「60％じゃだめだ。やり方を変えなくてはならないぞ」と叱る
（B）叱るとモチベーションが下がるので、あきらめて黙っておく
（C）「成果は出なかったけれど、あのやり方は良かったね」とプロセスに注目する
（D）「60％はできたね」とできたところに注目する

かつての私は（A）の「叱る」をごく普通にやっていました。しかし、一向に部下の行動は変わりませんでした。何かを変えなくてはいけない。それは部下ではなく、上司の私であるように思えました。しかし、私は何をすればいいか、わかりませんで

した。

もしかしたら、皆さんも、かつての私と同じように（A）もしくは、その対極にある（B）の選択肢しか思いつかないかもしれません。そんな時、アドラー心理学は重要なヒントを与えてくれます。それが選択肢の（C）と（D）。どちらも先に述べた「横から目線」の「勇気づけ」の具体的な方法です。

しかし、おそらくあなたはこう思うはずです。

「たった60％の達成率で認めてやるとは何事か。そんなことをしたら、部下が勘違いしてしまう。きちんと叱らなければおかしくなるだろう！」と。

ご安心ください。そうはなりません。部下は調子にのって勘違いしたりはしないのです。そして、恐らくは（A）の「叱る」や（B）の「あきらめる」よりも、はるかに効果を上げることでしょう。

あなたはまた疑うに違いありません。本当にそんなにうまくいくのか、と。叱るべき場面で「勇気づけ」をすることが、部下を勘違いさせることになりはしないか。そんな甘っちょろいやり方で人が育つわけがない、と。しかし、育つのです。それがアドラー心理学が教える「常識をくつがえす」人材育成なのです。

これまでの常識であった「叱る」弊害と、それに代わる「横から目線」の「勇気づけ」について、第2章でじっくりとお伝えしていこうと思います。

教えてはいけない

最後にもう1つ、皆さんの常識をくつがえすアドラー心理学の教えをお伝えしましょう。それは「教えてはいけない」ということです。

あなたの部下もしくは後輩が、あなたの目の前で仕事を進めていました。見ると、明らかに要領の悪い間違ったやり方をしています。このままではミスが出るか、能率が悪く時間がかかってしまいます。そんな時、上司もしくは先輩であるあなたはどのように声をかけるでしょうか。

(A)「そのやり方はよくないね。こうやった方がいいよ」と教える
(B) 失敗するかもしれないが、あえて何も言わずに黙っておく
(C)「もしかしたら、××のようなことが起きるかもしれないけれど、その場合は

どうする？」と未来を予測した質問をぶつけてみる
(D)「こんなやり方もあるけれど、どうかな？」と別の方法を提示して、それを採用するかどうかは相手の判断に委ねる

部下の間違った仕事を目にしながら、(B)のように何も言わないのはあり得ない。人一倍責任感の強いあなたはそう思うことでしょう。しかし、アドラー心理学の人材育成では(B)も1つの正解と考えるのです。何も言わず、あえて失敗を経験させる。これもアドラー心理学では「あり」なのです。

また(C)のように、未来を予測した質問をぶつけるという方法や、(D)のように、別の方法を提示して判断を相手に委ねるといった対応もアドラー心理学では正解です。つまり、(A)の「教える」以外、(B)(C)(D)のどれもが正解。それがアドラー心理学の考える人材育成なのです。

では、(A)の「教える」と(C)(D)はどこが違うのか。そして、一見するとあり得ない選択肢に思える(B)がなぜ「あり」なのか。そのあたりを第3章でじっくり取り上げたいと思います。アドラー心理学は、これまでの人材育成の常識である

「教える」さえも否定します。では、その理由を見ていくことにしましょう。

アドラー心理学とは

人材育成のこれまでの常識をことごとくつがえすアドラー心理学とはどのようなものなのでしょうか。そして、その提唱者であるアルフレッド・アドラーとは何者なのでしょうか。

２０１３年末から２０１４年の年初にかけて相次いで発売された『嫌われる勇気　自己啓発の源流「アドラーの教え」』（岸見一郎　古賀史健）、『アルフレッド・アドラー　人生に革命が起きる１００の言葉』（拙著）は、合計で40万部を超えるベストセラーとなりました。そして、一躍「アドラー心理学ブーム」が訪れたのは皆さんの記憶に新しいところだと思います。

アルフレッド・アドラーは、今から１４０年近く前の１８７０年にオーストリアのウイーン郊外で生まれました。カナダの精神科医アンリ・エレンベルガーは著書『無意識の発見』でアドラーをジークムント・フロイト（１８５６〜１９３９年）やカール・グスタフ・ユング（1875～1961年）と並ぶ心理学者として紹介しています。

アドラー心理学は「人間性心理学の源流」と呼ばれ、多くの心理学者に影響を与えました。著名なところでは、アブラハム・マズロー、ヴィクトール・フランクル、カール・ロジャース、アルバート・エリス、エリック・バーン、エーリッヒ・フロム、ウイリアム・グラッサーなどが挙げられるでしょう。

またアドラー心理学は「自己啓発の源流」とも呼ばれ、デール・カーネギーの『人を動かす』『道は開ける』やスティーブン・R・コヴィーの『7つの習慣』を読むと、その理論の多くにアドラー心理学と非常に近い考え方を見て取ることができます。また、コミュニケーションの技術として広く知られているコーチングやNLPにもアドラー心理学の影響が色濃く見受けられます。

そんなアドラー心理学は、「精神病患者のための心理学」というよりは、むしろ「健常者のための心理学」と呼ばれ、アドラーおよびアドラー心理学の後継者の関心の多くは「子育て」や「子どもの教育」に向けられて、それぞれが多くの著作を残しています。

つまり、アドラー心理学は「教育の心理学」、とも言えます。だからこそ、ビジネスにおける人材育成との親和性が高い、有効な心理学であると私は思っています。

人材育成に関わる5つのキーワード

人材育成において多くのヒントを与えてくれるアドラー心理学。中でも、以下の5つの理論は、人を育てることに直結すると思われます。簡単にその理論をなぞってみましょう。

【劣等感と優越】

人は誰もが劣等感を持っています。そして、劣等感を乗り越えるために建設的な努力を重ねる人と、非建設的な行動を取る人の2種類に分かれるとアドラーは言いました。

非建設的な行動とは、犯罪に手を染める、依存症になるといったことを指します。アドラーによれば、建設的な努力を重ねる人も、非建設的な行動を起こす人も、目的は1つです。劣等感を払拭し、優越感を獲得するためです。人は建設的な行動で優越を獲得できない場合、非行や犯罪に走ることで優越を獲得する、もしくは何かに依存することなどで、同情や哀れみを手に入れ、家族を支配し、優越を獲得する、とアドラーは考えました。人は誰もが無自覚に目標を設定し、それを追求すると考えたのです。

この考え方は、ビジネスパーソンにも応用できるのではないか、と私は考えます。組織の中で私たちは様々な場面で劣等感を感じます。そんな時、その劣等感に正面から立ち向かうのか、それとも非建設的な行動、たとえば仕事から逃げ出したり、落ち込んだりするのかは大きな分かれ目です。上司や先輩が部下や後輩を建設的な努力をするように促し、導く。それは、まさに人材育成の姿そのものだと思うのです。

【勇気づけ】

誰もが劣等感を持っており、それを乗り越えるために建設的な努力をする人と非建設的な行動を取る人の2つに分かれる。その分かれ目こそが「勇気の有無である」とアドラーは指摘しました。

勇気とは大声を出して相手を威嚇することではありません。「困難を克服する活力」を勇気と呼ぶのです。劣等感を乗り越えることも困難の1つです。また人生は仕事の課題、交友の課題、異性や家族との課題など、困難の連続です。人は勇気が欠乏すると問題行動に逃げ込み、勇気が補充されると自らの意思で問題に正面から向き合い、乗り越える努力をするのだ、とアドラー心理学は考えます。そして、アドラー心理学の教育では「勇気づけ」を1つの柱として考えています。

この勇気づけの考え方も、人材育成にそのまま活用することができるでしょう。上司や先輩が部下や後輩に対してすべきことは、勇気づけなのではないでしょうか。ほめること、叱ること、教えることはすべて勇気づけとは反対の「勇気くじき」になる、とアドラー心理学では考えます。勇気づけとは、相手が自分の力で自発的に困難を克服するよう、応援することです。人は誰もがよくなるために努力をする。それを助けるのです。

【共同体感覚】

アドラー心理学における教育の目標は「共同体感覚の育成」にあります。

共同体感覚とは、（1）自分は誰かの役に立つことができる＝自己信頼、（2）周囲の人は自分を助けてくれる＝他者信頼、（3）自分は社会に居場所がある＝所属感、の3つにより構成されます。そして、共同体感覚を身につけるために「まず他者への貢献から始めよ」とアドラーは言いました。

自分のことばかりを考える人は共同体感覚が低い人であり、自分と同じかそれ以上に他者への貢献を大切にしている人こそが共同体感覚が高い人である。そして、共同体感覚の高い人が社会的に有用な人であり、幸福に生きることができる。アドラーはそう定義しています。この定義はビジネスパーソンの育成にもそのまま当てはまるのではないかと私は考えています。

ビジネスで言う共同体感覚が低い人とは、顧客や同僚のことよりも自分の成績や都合ばかりを考える人のことです。共同体感覚が高い人は、自分のことよりも顧客や同僚への貢献を第一に考え、献身する人のことです。どちらが組織において有用であり、高い業績を上げるかは言わずもがなではないでしょうか。

上司や先輩は部下や後輩の共同体感覚を高める方向で人材育成をしなくてはならない。私はそのように考えます。

【結末を体験させる】

アドラー心理学が教える子育ての1つに「結末を体験させる」という方法があります。

たとえば、いつも夕食の時間に遅れてきて母親の手を煩わせる子どもがいたとしましょう。その際にアドラー心理学では、遅れてきた子どもには食事を出さなければよいと考えます。お腹がすいた子どもは、次から遅れないように自分の意思で早く食卓につくようになるでしょう。

その時、大切なことがあります。あらかじめ、時間に遅れたら食事を出さないという約束を子どもとしておくこと。そして、遅れてきた子どもに対して、決して嫌みを言ったり、叱ったりしないことです。食事を出さないことが子どもに対する「罰」ではなく、社会の当たり前のルールであることを理解してもらうことが必要なのです。

このように「結末を体験させる」ことを通じて、経験から学ばせることをアドラー心理学では重要視しています。答えを押しつけたり、手取り足取り教えるのではなく、結末を通じて学び取ってほしい。それがアドラー心理学の考え方です。上下の関係ではなく、対等な横の関係。相互尊敬と相互信頼に基づき、相手の「気づく力」を信じて待つ。それこそが「結末を体験させる」という人材育成の方法です。

【課題の分離】

人間関係の問題のほとんどは、相手の課題に対して土足で踏み込むこと、すなわち課題の分離ができていないことにより生じる、とアドラー心理学では考えます。たとえば、子どもが勉強しないことに対して親がガミガミと叱って勉強させようとする、などは課題の分離ができていない典型的な例です。勉強しないことによる結末の責任を取るのは子どもであって、親ではありません。

つまり、勉強をすることは子どもの課題であり、親の課題ではないのです。そして、子どもの課題に対して親が土足で踏み込むことにより、親子関係がおかしくなってしまう。子どもの人生に関して責任を取れない親は課題を分離し、子どもの課題に踏み込まないことが大切です。

この考え方もビジネスパーソンの教育に応用することができるでしょう。

上司が部下を変えようとするから、お互いの関係がおかしくなる。そうではなく、部下の課題は部下に責任を取らせるべきなのです。しかし、部下が責任を果たさないことによってチームや組織に悪影響が出る場合もあるでしょう。そんな時は、課題の分離の考え方を生かしつつも、共通の課題設定をすることが必要でしょう。そして先に挙げた「結末を体験させる」などを併用しつつ、人材育成を進めることが効果的である、とアドラー心理学では考えます。

＊　＊　＊　＊

アドラー心理学の教えのうち、ビジネスの人材育成に直結する5つのキーワードを解説してきました。これらの考え方は、従来型の「ほめる」「叱る」「教える」人材育成とは180度異なります。「そんな甘っちょろいやり方でうまくいくのか」。そう思われた方も少なくないかもしれません。でも、大丈夫。うまくいくのです。

次章以降では、それを実証する具体的な人材育成手法を取り上げていきます。「時代の100年先を行っていた」と言われるアドラーの「常識をくつがえす」理論をぜひ習得していただきたいと思います。

第1章

ほめてはいけない

長をほめますか？

会社のトップである社長をほめたことがありますか。
歩いていたら、向こうから社長が来たとしましょう。あなたと社長拶を交わします。このところ、会社の業績はよく、増収増益で決算をす。社長の経営手腕が発揮されたと言ってよいでしょう。そんな時、あなたは社長をほめますか。

「社長、なかなかよく頑張っていますね」

そのように社長をほめたら、社長はどのような反応をするでしょうか。恐らく、まず驚くでしょう。そして、怒り出すかもしれません。

「失礼なヤツだ！　おまえにほめられる筋合いはない！」

そう思うのではないでしょうか。

普通、部下はそれがわかっているから、社長をほめたりしません。社長をほめたことのあるビジネスパーソンはほとんどいないでしょう。

この例でわかる通り、立場が下の者が、上の者をほめることはありません。部下が上司をほめることはない。生徒が教師をほめることもない。子どもが大人をほめるということもない。「ほめる」という行為は、あくまでも上位者が下位者へ対して行う行為である。それが世の常識なのです。

つまり、ほめるということは上下関係をすり込むことにつながります。

「あなたはよく頑張っているね。偉いね」

この言葉を発した瞬間に、暗黙の了解が発生します。

「私が上。あなたは下」

ほめるという行為の裏側には、このようなメッセージが含まれているのです。

ほめられた部下が思うこと

部下が上司をほめることはない半面、上司が部下をほめることは日常的に行われています。

「A君、よく頑張ったね。偉いね」

「B君は優秀だねえ。大したもんだ」

そして、ほめるという行為はよい行為であるとさえ思われているのです。

確かに、部下の視点に立てば、叱られるよりはほめられる方がいいでしょう。しかし、「頑張ったね。偉いね」と言われ、カチンと来る人もいるのではないでしょうか。

理由は先に述べた通り。「ほめる、ほめられる」という行為は、上下関係を前提としているからです。

たとえ、上司と部下の間柄であるにせよ、上下関係はあくまでも役割上の関係です。部下が起案し、上司が決裁する。それは役割の関係です。部下が作業を執行し、上司がそれをサポートする。これも役割上での上下関係です。それは決して人間としての上下ではありません。

いくら職位に上下があったとしても、人としての尊厳は対等です。そして、部下や後輩は仕事の場面でも、人としての尊厳においては、あくまでも対等に扱われる権利があるのです。しかし、上司のほめ言葉には、仕事だけではなく、人間としての存在に関わる要素も含まれます。それを感じた部下や後輩はカチンと反応してしまうことがあるのです。

恐らく上司の側に悪気はないでしょう。「よし、上下の関係をすり込んで、俺を敬う気持ちにさせてやろう」などと考えて部下をほめる上司はいません。自分が部下の時代に、かつての上司にほめられたように、習慣的に部下をほめている。それが実態でしょう。

しかし、ほめるという行為には上下関係をすり込む意味が発生します。

誰だって下にはなりたくないものです。「会社の中で立場的に下にいる」と自覚している部下であってもそれは同じこと。「おまえは下だ」と人から言われたくはないのです。だからこそ、「おまえが下」というメッセージを含む接し方をされると、劣等感を感じるようになるのです。

あなたはイチローをほめますか？

世界最高峰の米国大リーグ。そのトップチーム、ニューヨーク・ヤンキースで活躍するイチロー選手は、言うまでもなく世界トップの野球選手の1人です。そんなイチローが日本に帰国した際に、あなたが所属する草野球チームに合流し、試合に出場してくれた、と想像してみてください。チームのみんなは大喜びです。

しかし、野球の実力は比較になりません。イチローが大人だとすれば、あなたのチームの素人集団は赤ん坊レベル。それほどの差があります。さあ、試合が始まりました。あなたのチームが攻撃します。打者は次々と凡打の山を築き、全く出塁できません。しかし、イチローに打順が回ってくると、彼は易々とボールを外野に運び、クリーンヒットを打ちました。

そこで問題です。ヒットを打ったイチローに対して、あなたはどちらの反応をするでしょうか。

(A)「さすが！ ナイスヒット！」と喜ぶ
(B)「よく打った。偉いぞ」とほめる

もうおわかりですね。恐らく、あなたは(A)のような反応をするはずです。上から目線で(B)のようにイチローをほめることはしないはず。それには2つの理由があります。

1つ目の理由は先に述べた上下の関係です。どう見ても（B）のほめ方は上から目線です。そんなことを言われたら、いくらジェントルマンのイチローでもカチンとくるのは間違いありません。

そして、もう1つ理由があります。それは「ほめる」ということは、「おそらくヒットを打つことは難しいだろうな」と予測していたことが前提になるからです。

大人と赤ん坊くらいの実力差がある場合、イチローにとってヒットを打つことはたやすいことです。そんな時、私たちは「ほめる」という行動は基本的に取らないはずです。「できて当たり前」「恐らくできるだろう」という状況では、相手をほめないのが普通です。

つまり、ほめるということは、上下関係が前提であるだけでなく、「どうせうまくできないだろう」と相手にあまり期待していない状態であったという意味を含むのです。つまり、ほめられるということは「おまえは私の下である」と上下関係をすり込まれ、なおかつ「どうせできないでしょ？」と期待されていなかったことを悟らされることになる。そのため、アドラー心理学では「相手をほめることをやめましょう」と教えているのです。

2 あなたは野菜を食べない子どもをほめますか？

こんな場面を想像してみてください。野菜が大嫌いな子どもがハンバーガーだけを食べ続けています。あなたがその子の親だとしたら、そんな様子を見て、叱ることはあっても、ほめることはないでしょう。

では、野菜嫌いの子どもがピーマンやにんじんが入ったサラダをもりもり食べていたら、どうでしょう。きっと、あなたはその子をこんなふうにほめるでしょう。

「おや、ピーマンを食べているの？ 偉いねえ！」

このように私たち大人は、子どもが肉やお菓子ばかりを食べていると叱り、野菜を食べるとほめる。それは一体なぜでしょうか。

まず容易に想像できるのは、親が子どもをコントロールしようとしているということです。野菜を食べることはよいこと。肉やお菓子ばかりを食べるのは悪いこと。そのような前提に基づき、親が子どもを自分が思う通りにコントロールしようとしているのです。

子どもが小さいうちは、このコントロールは有効でしょう。しかし、子どもは成長するにつれて、誰かにコントロールされることを嫌がるようになります。それは相手が親であっても同じです。

「そんなことを言っても、野菜は健康によく、肉やお菓子ばかりを食べるのが健康に悪いのは間違いない。親がコントロールするのは当然だ」。そう思われる方が多いかもしれませんが、そうした考えは間違いです。

「野菜を食べることが健康によい」というのは紛れもない事実。正しいメッセージですが、いくら正しくても、子どもは大人のコントロールを嫌がります。正しい、正しくないは問題ではないのです。発せられるメッセージが正しかろうが、間違っていようが、人はコントロールを拒絶する。それだけのことなのです。

コントロールしようとすれば、信頼を失う

親でさえ子どもをコントロールできない。とすれば、赤の他人である上司が部下をコントロールしようとしても、部下がそれを嫌がるのは当たり前のことでしょう。人

が人をコントロールしようとすると、信頼関係が壊れます。そして、信頼関係が壊れた後に、部下を育てようとしても、うまくいくはずがありません。

リーダーシップとは「集団を一定の方向へ導く影響力」のことです。そして、リーダーシップの源泉には信頼関係がある。つまり、上司を信頼している部下は上司の影響力を受け入れ、言うことを聞きます。しかし、上司を信頼していない部下は影響力を拒絶し、上司の言うことを聞かなくなります。

信頼関係が希薄な場合、上司の言っていることが正しいかどうかは意味を持ちません。たとえ正論であっても、部下は上司の言葉を疑ってかかります。逆に、きちんとした信頼関係がある場合は、上司が無理難題を言ったとしても、部下は「この人が言うことなら、間違いはない」と善意に解釈します。つまり、上司は部下から信頼をされていないとリーダーシップを発揮することができない。信頼関係はそれくらい大切なのです。

「野菜を食べて偉いね」とほめ、子どもをコントロールしようとする親と同様に、ほめたり、叱ったりと態度を変える上司は、部下からの信頼を失います。「この上司は、自分の都合のいいように部下をコントロールしようとしている」と思われるからです。

成果が上がればほめる。上がらなければ無視する、もしくは叱る。このようなコントロールは即刻やめましょう。上司は部下を常に勇気づけなくてはならないのです。

野菜を食べている子どもを勇気づける

「ほめても、叱ってもいけない。では、どうすれば勇気づけになるの？」

あなたはそう思うかもしれません。勇気づけとはどういうことか、先の野菜が嫌いな子どもの例で考えてみましょう。野菜嫌いの子どもが野菜を食べているのを見た時、親がかけるべきなのは、以下のような言葉です。

「ずいぶん、もりもり食べているね」

「おいしそうだね」

「私もサラダが食べたくなった」

上から目線で子どもを評価しない。コントロールしようとしない。その代わりに、横から目線で主観や感想を伝える。それが「勇気づけ」です。

勇気づけとは、「相手が自分の力で課題を解決できるように支援すること」です。

ポイントは「自分の力で」にあります。つまり、相手が自主的に課題を解決できるように励まし、サポートするのです。相手をコントロールしようとすると、コントロールされなければ動けない人間を作ることになります。だから、コントロールは勇気づけではなく、「勇気くじき」になるのです。

これは上司と部下の関係にもそのまま当てはまります。業績を上げた部下に対して、「偉いぞ！よくやった！」とほめるのではなく、部下が自分の力で課題を解決できるように励まし、支援するのです。

「生き生きと仕事をしているね」

「のってるね！」

「チームを助けてくれてありがとう」

このように、横から目線で主観や感想を伝えましょう。そして、部下が自分の力を信じることができるよう、感謝を伝えることも有効です。

上司は部下をコントロールしてはいけません。そうではなく、部下が独り立ちできるように支援する。横から目線の勇気づけを行うのです。

3 あなたは達成率60％の部下をほめますか？

部下の目標達成率が60％だった時、あなたはその部下をほめますか。

「仕事というものは達成率１００％が当然だ。99％であったとしても、それは未達成。決してほめることはできない」

そう考える上司が多いのではないでしょうか。

しかし、それでは部下のやる気を高める勇気づけはいつまでたってもできません。勇気づけができる対象は１００％以上を達成した人だけになってしまう。最も勇気づけが必要な目標未達の部下に何もできないのでは意味がありません。

先に述べた通り、勇気とは「困難を克服する活力」のことです。人は勇気が欠乏していると頑張れない。困難を前にして逃げ出してしまいます。逆に、勇気さえあれば、上司が余計なコントロールをしなくても、部下は自分の意思で、自分の力で頑張り始めます。だからこそ、上司は目標未達の部下を勇気づけなくてはなりません。

結果だけを見るから勇気づけができない

100%以上を達成した時にだけ勇気づけができる。それ以外は勇気づけができない。そのように偏った行動になるのは、上司が部下の結果だけを見ていることが原因です。本来、勇気づけとは、目標達成率にかかわらず、あらゆる部下に対して、いつでも実行可能なものです。

勇気づけができる上司は、60%という結果だけにとらわれません。結果と同じか、それ以上にプロセスに注意を払います。

「今回の資料は、いろいろと工夫されているね」
「このデータは説得力がある」
「ずいぶん熱心にお客様を訪問しているようだね」

このように、プロセスに着目した声かけをするのです。そもそも、よい結果はよいプロセスから生まれるもの。仮に、よくないプロセスから良好な結果が生まれたとしたら、それは単にラッキーだっただけのこと。再現性は低いでしょう。つまり、人材育成とはよいプロセスを育てることです。部下のプロセスに水をやり、光を当てることで、大きな花が咲くことを応援するのです。

上司がプロセスに注目すれば、部下は「コントロールされている」とは思わず、「上司に理解されている」と感じます。そして、自分の選んだ行動に自信を持つようになります。つまり、上司から勇気づけられるのです。

4 「ほめる」と「勇気づける」はどう違うのか？

ここまで学んできたところで、「ほめる」と「勇気づける」の違いを何となく理解していただけたと思います。本項では、さらにその違いが理解しやすいように、具体的な例を示し、その後に「ほめる」と「勇気づける」を表で対比させながら整理したいと思います。

まずは具体例です。

◉部下が提出した資料の出来が良かった時

【ほめる】

「なかなかやるじゃないか。いい出来だ」

【勇気づける】

「とても読みやすいね。読み手の立場を考えた工夫が感じられるなあ」

◉部下が企画した商品がヒットした時

【ほめる】

「よくやった。偉いぞ」

【勇気づける】

「あきらめずに最後までこだわっていたね。私もうれしいよ」


◉部下が売上達成率ランキングで1位を獲得した時

【ほめる】

「1位か、すごいじゃないか。大したもんだ」

【勇気づける】

「おめでとう！　チームを引っ張ってくれてありがとう！」

勇気づけ＝困難を克服する力を与えること

いかがでしょうか。「ほめる」と「勇気づける」の具体的なイメージをつかんでいただけたでしょうか。では、両者の違いをさらに踏み込んで考察してみましょう（44ページの表参照）。

「ほめる」とは「相手の優れている点を評価し、賞賛する」ことです。一方で「勇気づける」とは「相手が困難を克服する活力を与える」ことです。「ほめる」が評価や賞賛にとどまるのに対し、「勇気づけ」は活力を与えるという、さらに一歩先を見た行為であることがわかります。

また「ほめる」が上下関係に基づいているのに対して、「勇気づける」は対等な横の関係であることは繰り返し述べてきた通りです。そして「ほめる」が「相手が自分の期待していることを成し遂げた時」に行われるのに対して、「勇気づけ」は時や場面を問いません。つまり、相手の行動が自分の期待に反していた場合や、相手が失敗した時、何も成し遂げていない時でさえ勇気づけは可能なのです。

通常、「ほめる」対象は数字などの成果や、優れた能力の発揮です。一方で「勇気づけ」は相手の潜在的な力に焦点を当てます。ですから、結果だけでなく、プロセスやチームの仲間としての存在そのものに承認のメッセージを与えていくのです。

さらに両者の違いは視点にも表れます。「ほめる」が「自分自身の視点」を基に「評価的態度」で行われるのに対して、「勇気づける」は「相手の視点」に立って「共感的態度」で行われます。

「ほめる」は「相手をたたえる」という目的のみならず、時には「相手をコントロールする」ことや、「相手よりも自分自身の立場が上であることをアピールする」などの目的でなされることがあります。一方で「勇気づける」には、そのような意図は入りません。「相手が自分の力で課題解決ができるようになることを支援したい」という純粋な目的のみで行われるのです。

これらの背景により「ほめる」と「勇気づける」は、それぞれ以下のような行動と整理されます。「ほめる」は「相手の顕在化した能力や成果を賞賛する」形で表れます。一方で「勇気づける」は「相手の貢献に対する感謝」を伝えたり、「自らのポジティブな感情や感想を伝える」という形になります。

しかし、1点注意しなくてはならないことがあります。それは「ほめる」と「勇気づける」は、完全には区別できないということです。

「よくやった！」「大したもんだ」「偉いぞ」

このような「ほめる」行為が結果的に相手を「勇気づける」こともあります。

また日頃、上司がほめることをせずに叱ってばかりいる場合であれば、ほめるだけでプラスに働くでしょう。さらに「目標達成おめでとう！ 私もうれしいよ」などのように、「ほめる」と「勇気づける」の表現が入り交じった伝え方も往々にしてあります。

ですから私たちは「ほめる」と「勇気づける」の違いの細部にこだわるのではなく、その精神を大切にすることが重要だと思います。これまでお伝えしてきた大まかな違いを理解したうえで、後はその精神に基づいて「勇気づけ」を心がけてもらえれば十分だと私は思います。そうすれば「部下を勇気づけたい」「部下に自分自身の力で課題解決ができるようになってもらいたい」という思いが相手に伝わるはずだと思うからです。

「ほめる」と「勇気づける」は明確に分離できない

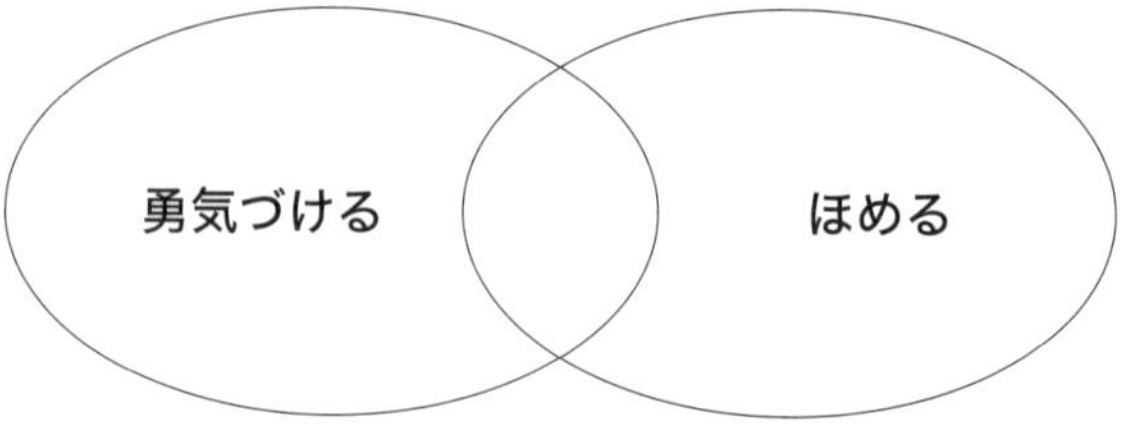

「ほめる」と「勇気づける」の違い

	ほめる	勇気づける
定義	相手の優れている点を評価し、賞賛すること	相手が困難を克服する活力を与えること
関係	上下関係	対等な横の関係
状況	相手が自分の期待していることを成し遂げた時	相手が達成してもしなくても、あらゆる状況で
対象	顕在化している能力や成果	プロセスや相手の存在そのもの
視点	自分の視点で	相手の視点で
態度	評価的な態度で	共感的な態度で
目的	1）相手をたたえる 2）相手をコントロールする	相手が自分の力で課題解決できるように支援する
行動	相手の成果や顕在能力を賞賛する	1）貢献に対する感謝を伝える 2）ポジティブな感情や感想を伝える
効果	他人の評価を気にし、ほめられないと頑張らないようになる	自分の軸を持ち、他人の評価にかかわらず自立するようになる

「勇気づけの心理学」岩井俊憲著（金子書房）を基に作成

5 「ほめる」は〝中毒患者〟を作り出す⁉

「ほめる」「叱る」といった行為でコントロールし続けていくと、子どもはどのように成長するのでしょうか。

「野菜を食べなさい」「勉強をしなさい」と命令をする。そのうえで、言うことを聞いたらほめ、聞かなければ叱る。そうした賞罰教育を続けたら、どのような人間が出来上がるのでしょうか。

アドラー心理学では、「賞罰教育を受けた子どもは、ほめられると野菜を食べて勉強をする。しかし、ほめられなければ野菜を食べないし、勉強もしないようになる」と考えます。つまり、子どもは「ほめられる」ために頑張るようになる。そこに「自分自身の意思」はありません。つまり「自立・自律」ではなく、ほめられることに「依存」する子どもが出来上がってしまうのです。

恐らく、この子どもは親が見ている前では野菜を食べて勉強しますが、親が見ていないところでは野菜を食べず、勉強もしないことでしょう。そして、常に相手の顔色をうかがうようになるでしょう。
「自分は相手から評価されているのだろうか」
「自分は相手からダメだと思われているのではなかろうか」
こうしたことばかりを気にするようになるでしょう。そして、相手の評価や反応に一喜一憂するようになるかもしれません。それは、果たして親が望んだ姿なのでしょうか。

アドラーはさらに厳しい指摘をします。それは賞罰教育で育った子どもは、ほめられなかった時に、ほめてくれない相手を恨むようにさえなるということです。「なぜ、ほめないのか」と相手を責めるようになるというのです。

薬物中毒の患者は薬物を求め、薬物が切れると不安を感じます。賞罰教育で育った子どもは「ほめられ中毒」になると言っても過言ではありません。

それは子どもに限ったことではありません。上司、部下の関係においても同じこと。部下を「ほめられ中毒」にしてはいけません。勇気づけることで、部下が自分の力で課題解決できるようにする。「きっとできる」と自分を信じることができるようにする。それが上司たちの務めです。

「勇気づけ」で自立を促す

では、逆に勇気づけられた子どもは、どのように育つのでしょうか。

「勇気づけ」は相手が自分の意思で決め、自分の力で課題を解決できるように支援することです。そのため、相手をコントロールするような言葉は使いません。あくまでも、相手の自発的な決定や行動に焦点を当てます。そのため、子どもは自立・自律的な大人に育ちます。

「私は自分の力で物事を成し遂げることができる」

「自分のことは自分で決める」

そう考えるようになるのです。

自信とは「自分を信じる」と書きます。勇気づけられて育った子どもは、「自信」を身につけることでしょう。それは、「セルフ・エナジャイズ」すなわち自己駆動型のエンジンを手に入れることと同義です。

困難な壁を目の前にした時に、自分のエンジンを自分でかける。ブルンと自分でスターターを回すのです。一方で、ほめられて育った子どもは、誰かにエンジンを回してもらわなくてはなりません。その違いは大きいでしょう。

また、勇気づけられて育った子どもは、他人の評価に振り回されることが少なくなるでしょう。他の人が自分を評価してくれなくても、他の人に否定されても、自分の頭で考えて、信念に従って行動する人になるはずです。大地にどっしりと根を張った姿が頭に浮かんできます。

上司と部下の関係においても同じことが言えます。部下を勇気づけることで、部下は自立・自律的な行動を取るようになるでしょう。

社会に出て、会社で働くということは、常に目の前に現れる壁を乗り越えていくということです。そして勇気がある人は、その壁にたじろぐことなく、自信を持ってそれに挑みます。しかし、勇気がない人は「できない理由」を探して、言い訳をしながら壁から逃げていきます。課題を投げ出してしまうのです。

自分で自分のエンジンをブルンと回す人、目の前の壁から逃げずに乗り越えようと立ち向かう人を育てる。そのために上司にできることは、部下を勇気づけることなのです。

小さいうちは、ほめてもいい

しかし、先に述べた通り「ほめる」と「勇気づける」には、はっきり区分できないところがあります。境界線が曖昧なのです。そして「ほめる」がプラスに働くことも多々あります。

たとえば、３歳、４歳の子どもには「ほめる」と「勇気づける」の違いがあまり理解できないでしょう。また、その年代の子どもには、時と場合によっては「しつけ」という名のコントロールが必要なこともあるでしょう。その意味では「ほめる」ことも必要だと言えます。

ただ、だからといって、ずるずるとほめ続けてはいけません。「ほめる」から「勇気づける」に移行していくことが肝要です。自分自身で自分のエンジンを回せない子どもに対しては、ほめることを通じて、親がエンジンをかけてあげる必要があります。そして、何度かブルン、ブルンとエンジンを回すことによって、子どもが自分でエンジンをかけることを覚えていく。そのタイミングで徐々に「勇気づけ」へ移行していくというイメージを持ってみてはいかがでしょうか。

もちろん、これも上司、部下の関係に応用できます。上司が部下をほめることでエンジンをかけてあげる。それを繰り返しながら、時々、勇気づけを交えていく。やがて、部下が自分でエンジンをかけられるようになったら、「ほめる」をやめて完全に「勇気づけ」に移行する。そんなやり方が現実的かもしれません。

大切なのはゴールです。いつまでも上司が部下のエンジンをかけ続けていてはいけません。部下自身にセルフ・エナジャイズ、自己駆動してもらうようになることがゴールです。そのためには、勇気づけへの移行を常にイメージして接していくことが大切ではないでしょうか。

第2章

叱ってはいけない

1 人は自らよくなろうと努力する

仕事とは困難の連続です。生きることもまた同じ。私たちは困難を避けて生きることはできません。アルフレッド・アドラーは人生のあらゆる課題は以下の3つに集約されると言いました。それは（1）仕事の課題、（2）交友の課題、（3）愛の課題です。

そして、プロローグでもお伝えした通り、人は困難に直面した時に、次の2通りの反応のいずれかを無自覚的に選びます。1つ目は、困難に立ち向かい乗り越えようと努力すること。そして、2つ目は、できない言い訳を見つけて、課題から逃げ出してしまうことです。

では、できない言い訳とは、どのようなものでしょうか。たとえば、普段やっている仕事よりも難易度の高い仕事を任された場面を想像してみましょう。

その仕事は、部下がこれまでに取り組んだ経験がない未知の領域で、ストレスもかかります。また、その部下は通常の仕事も決して暇ではなく、むしろ忙しい方だとします。そんな時、その部下は勇気が欠乏しており、１つ目の反応、すなわち困難に立ち向かう選択肢をあきらめてしまいます。そして、２つ目の反応、すなわち「できない言い訳を見つけて困難から逃げ出す」ことを選ぶのです。

そこでよく使われる言い訳とは以下のようなものです。

・時間が足りません
・他の仕事が忙しすぎて手をつけることができません
・なぜ他の人に頼まないのでしょうか。私よりも余裕のある人がいるはずです
・体調を崩してしまい、やりたくてもできません

アドラー心理学によれば、課題の難易度が高く、勇気が著しく欠乏していると、人はさらに不健全な言い訳を作り出します。それは、アルコールや薬物に依存する、神経症になる、などです。アドラーは「病人や弱者ほど強い者はいない」と言いました。「弱さ」をひけらかされると周囲は強く出ることができません。病人は家族や周囲を思いのままに操ることができる。だからこそ、人は時に自ら進んで病気になる。アド

ラーはそう指摘しました。

いずれにせよ、困難から逃げ出す原因は、勇気すなわち「困難を克服する活力」が欠乏していることです。上司や先輩にできることは、逃げ出そうとする部下を叱りつけることではなく、先の章で学んだ「勇気づけ」を行うことです。

「勇気くじき」につながる〝指導〟

しかし、上司は往々にして、困難から逃げ出す部下を叱りつけてしまいがちです。

「言い訳をしないでとにかくやってみなさい！」

「こんなことくらいできるだろう。俺だって若い頃はこれくらいやっていたぞ！」

世の上司たちはそれが勇気くじきになっていることに気づかずに、部下を叱ります。本人の意識では励ましのつもりなのかもしれませんが、言われた方は勇気を奪われてしまいます。

そもそも、部下への指導は「勇気くじき」につながります。なぜならば、指導とはすなわち現状否定であり、ダメ出しをすることにほかならないからです。

「ここのやり方はおかしい。だから、こんなふうに改めてみよう」

これが指導の一般的な形です。しかし、言葉こそ丁寧ですが、言っている内容は部下のやり方を否定していることとイコールです。人はダメ出しをされると、あたかも人格を否定されているかのように感じ、「責められている」と受け止めます。そして、劣等感を植え付けられ、勇気がどんどん減っていくのです。

そもそも困難から逃げ出すのは勇気が不足しているからです。そんな時は、ダメ出しではなく、よい点を見つけて認め、感謝やポジティブな感想を伝えて勇気づけるべきでしょう。しかし、多くの上司は逆のことをしてしまう。勇気づけるべき時に、勇気くじきをしてしまうのです。

これでは、ますます部下は困難から逃げ出してしまうだけ。様々な言い訳をするだけです。勇気が欠乏していて、困難に立ち向かうことが恐ろしく不安に思えてしまうからです。

「叱らない＝甘やかす」の落とし穴

「叱ってはいけない」

「ダメ出しをしてはいけない」

そう学んだ上司が陥りがちな失敗は、部下を甘やかしてしまうことです。

「ずいぶん忙しそうだけれど大丈夫？　私が代わりにやってあげるよ」

「あー、そこはね、こうやった方がうまくいくよ。ちょっと私にやらせて」

「この仕事はね、ここに気をつけて。それから、次にここをやる。最後にはこうして……（こんな調子で手取り足取り仕事の進め方を教える）」

厳しく叱ることが「勇気くじき」だと学んだ上司は、あたかも振り子を大きく逆に振るように、今度は部下を甘やかしすぎてしまうのです。

アドラーは「甘やかされた子どもの多くが非建設的な行動を取る」と指摘しました。つまり、甘やかしも勇気くじきになると言ったのです。甘やかしは相手を子ども扱いすることです。「あなたはまだ子ども。一人でやり遂げる能力がない。だから、私が代わりにやってあげる」。これが、甘やかしで相手に伝えられるメッセージです。

本来、勇気づけとは、「相手が自分の力で課題解決できるように支援する」ことです。しかし、甘やかしはその機会を逆に奪ってしまいます。そして、相手が自信を失うだけでなく、勘違いを助長します。

「困った時は誰かが助けてくれる」

「周囲の人は私を助けなければならない。私は助けてもらう権利がある」

このような勘違いです。これは勇気くじき以外の何ものでもありません。

上司が部下を育成する時には、常に部下を勇気づける姿勢が求められます。しかし、実際には、多くの上司が部下を叱ったり、逆に甘やかすことで勇気くじきをしてしまう。叱ったり、甘やかしたりするのとは違った方法で勇気づけをする。それが上司たちに求められていることなのです。

2 「叱らずに勇気づける」の基本形

部下にダメ出しをすると勇気くじきになり、余計にやる気を奪ってしまう。上司は部下を叱ってはいけない。私が講演でそう話すと、悩める管理職の皆さんから必ずと言っていいほどにいただく質問があります。それは以下のようなものです。

「理屈はわかるが、ではどうすればいいのですか？　部下が間違ったやり方をしている時に指導もせずに放っておけというのですか？　そんなことをしたら、お客様や他部署に迷惑がかかってしまいます」

私の答えはシンプルです。

「おっしゃる通りです。間違いを放置してはいけません。叱らずに勇気づけながら部下を指導する方法はあるのです」

たとえば、あなたの部下の鈴木さんが不適切な方法で仕事をしているのを発見したとしましょう。いつものあなたであれば、間違いなく「叱り」「指導」することで部下の勇気をくじくに違いありません。

「鈴木さん、ああ、ダメダメ！　そんなやり方をしたら××の問題が起きちゃうよ。何でそんなやり方をするのかなあ？　考えればわかるだろう。いいかい、こうやればいいんだ。こっちのやり方でやり直して！」

これこそ典型的な勇気くじきです。そうではなく他の方法があるのです。叱らずに勇気づけながら部下を指導する基本形の1つは「主観伝達」と「質問」です。

「鈴木さん、この仕事を進める際にはこんな観点に気をつけるといいかもしれませんね。そうすると、どのようなやり方が考えられますか？」

このように伝えるのです。

先の勇気くじきと比較しながら見ていきましょう。勇気くじきでは「決めつけ」をしています。「ダメダメ！」「××の問題が起きちゃうよ」はいずれも「決めつけ」です。つまり「私が正しい。あなたは間違っている」「私はわかっている。あなたはわかっていない」というメッセージです。

一方で、勇気づけの方は「主観伝達」と「質問」の形を取っています。「こんな観点に気をつけるといいかもしれませんね」。これは決めつけではなく「主観伝達」です。そして、さらに「質問」を加えます。

「どのようなやり方が考えられますか？」

この質問により、部下に自分の頭で考えることを促すのです。

「決めつけ」は相手に選択の余地を与えません。しかし、「主観伝達」は相手に選択の余地を与えます。それが相手への敬意につながり、相手を勇気づけるのです。

また「質問」は相手に考えさせ、思考のトレーニングを積ませるだけでなく、相手に選択を委ねます。そのことにより、部下は自分の意思で行動できるのです。「どのようなやり方が考えられますか？」という質問に対して、部下は「では、××の対策を取ってみます」といった主体的な意思決定をすることができるでしょう。そのことにより、部下が主導権を握ることができるのです。

「決めつけ」て「叱る」ことは部下の勇気をくじきます。しかし「主観伝達」と「質問」は部下を勇気づけます。ぜひ勇気づけを選択していただきたいと思います。

「誘い水」指導でアイデアを引き出す

叱らずに勇気づけながら部下を指導する基本的方法の２つ目は「誘い水」指導です。「誘い水」とは、ポンプで水を汲み出す時に、なかなか出てこない場合、ポンプ内に水を送り込み、出てくるのを誘う動作を言います。これが転じて「他のことが起きるきっかけや誘因」という意味で使われるようになりました。これを上司が行うのです。

先の例で考えてみましょう。

「鈴木さん、この仕事を進める際にはこんな観点に気をつけるといいかもしれませんね。どのようなやり方が考えられますか？」

このように「主観伝達」と「質問」で部下に選択の余地を与えます。しかし、余地は与えたものの、部下の反応が今ひとつ薄い時があります。

「ええと…、ちょっと思いつきません」

こちらが期待した提案や意見が全く出てこない、もどかしい状況です。しかし、そんな時に焦って叱ってはいけません。まずは質問を継続します。

こんな場面で「誘い水」が有効になります。

「たとえば、こんなやり方があるかもしれませんね。以前、別のお客様で実行してうまくいった方法なのですが…」

「たとえば、こんな見方はできないでしょうか。お客様の視点から考えてみると、こんな提案をしてもらったら、うれしいかもしれませんね」

上司がポンプの取っ手を上下させて、部下の意見という水を汲み出そうとしても、なかなか出てこない場合には、上司の方からアイデアという誘い水をかけてみる。それにより、部下自身の意見を誘い出すのです。

ただし、気をつけなければならないことがあります。それは誘い水をじゃぶじゃぶと注ぎ続けてはいけないということです。誘い水はあくまでも、部下の意見が出てくるまでの経過措置。部下の意見が出始めたら、さっと引っ込めること。頃合いが重要です。「出ては引く、出ては引く」の繰り返しを行うのです。

2つの基本形を根気よく繰り返す

叱らない。しかし、間違いは正さなくてはならない。そんな時は、2つの基本的指導法を手を替え品を替え継続することです。それが部下を勇気づけることになります。まずは「主観伝達」と「質問」で部下に考えさせます。そして、部下の主体的な意思決定を促します。それでもアイデアが出てこない場合は、次の手として「誘い水」をかけます。上司の側から事例を挙げて、部下に自らの意見という水を出させるのです。そして、水が出てきたらサッと引く。「出ては引く、出ては引く」を繰り返すのです。

これらを何もしなければ単なる放任になってしまいます。しかし、やりすぎると今度は甘やかしになります。それはどちらも勇気くじきになる。そうではなく、2つの基本形で勇気づけるのです。

部下が間違った方法で仕事をしている時。部下の手が止まり、前に進めなくなった時。部下が失敗をしてしまった時。ついつい叱りたくなる場面に遭遇したら、指導の基本形をまずは思い出してください。そうすれば、何をすればいいかがわかるでしょう。叱る必要がなくなるのです。

3 勇気づけの万能スキル「アイ・メッセージ」

2001年の大相撲夏場所。当時の横綱貴乃花は人気、実力ともに全盛期を迎えていました。しかし、この場所、優勝の期待がかかった貴乃花は、途中で膝にケガをしてしまいます。絶体絶命。優勝はもう無理か…。

そんな中、貴乃花は見事、優勝を成し遂げます。沸きに沸く国技館。表彰式で賜杯を手渡す役割は、これまた当時絶大なる人気と支持率を誇った小泉純一郎首相です。

小泉首相は貴乃花に賜杯を渡す時、かの有名なフレーズを発しました。皆さん、覚えているでしょうか。

そうです。小泉首相はこう言って会場をさらに沸かせたのです。

「感動した！」

しかし、記憶している人は少ないですが、小泉首相はその前に、もう一言発していました。そのセリフは、

「痛みに耐えてよく頑張った！」

というものです。まずはこの言葉を伝え、その後に「感動した！」を付け加えた。これが人々の記憶に残りました。

この2つのセリフこそが、「アイ・メッセージ」と「ユー・メッセージ」の組み合わせです。アイ・メッセージとは、主語が英語のIで始まるメッセージ。たとえば「私は感動した！」「私は悔しい！」「私はうれしいよ」「恥ずかしいなあ」などのメッセージです。

それと対になるのが、主語が英語のYOUで始まるユー・メッセージ。たとえば「あなたは優秀だね」「あなたは頑張ったね」「あなたはこうすべきだ」などのメッセ

アイ・メッセージとユー・メッセージ

ユー・メッセージ	アイ・メッセージ
断定的	婉曲的
客観的	主観的
理性的	感情的
評論的	参加的
上から目線	横から目線

ージです。

小泉首相は、先のシーンでこのアイ・メッセージとユー・メッセージを巧みに組み合わせて使いました。「(あなたは)痛みに耐えてよく頑張った！」とまずはユー・メッセージで伝えます。そして、最後に印象的なアイ・メッセージで締めくくったのです。「感動した！」と。そして、翌日のスポーツ新聞の1面はこの名セリフで埋め尽くされたのです。

「痛みに耐えてよく頑張った！」というユー・メッセージが1面を飾った新聞は1紙もありませんでした。いかにアイ・メッセージが強いインパクトを残すかを物語るエピソードではないでしょうか。

主観伝達も容易にできる

では、なぜユー・メッセージは忘れられ、アイ・メッセージばかりが記憶に残るのでしょうか。いくつかの理由があります。

「あなたは優秀だ」「あなたはこれをすべきだ」といったユー・メッセージは、上から目線で冷たい印象を与えます。客観的で評論家的とも言えるでしょう。ユー・メッセージは「ほめる」「叱る」に近いものになりがちなのです。

一方で「感動した！」「私はこう思う」「うれしいなあ」などのアイ・メッセージは、横から目線で温かい印象を与えます。主観的で情熱的とも言えるでしょう。だからこそ、人の心にスッと入り込む。小泉首相の「感動した！」がそれをよく表しています。

また、アイ・メッセージは先に学んだ勇気づけの基本形「主観伝達」そのものでもあります。「主観伝達」と言われると、ついつい「理屈はわかったけど、どうやって使えばいいの？」と悩んでしまいがちです。そんな時はアイ・メッセージを使えばいい。主語をあなた（ＹＯＵ）ではなく、私（Ｉ）にするだけのこと。それだけで、簡単に主観伝達となり、「ほめる」「叱る」に代わる勇気づけの手段になるのです。

「(あなたは) ここが間違っている! (あなたは) こんなふうに直しなさい!」と叱るのではなく、アイ・メッセージを使って勇気づけるのです。

「(私は) このように変えると、もっとよくなると思います」

主語をあなた (YOU) から私 (I) に代えるだけで、勇気づけが簡単にできるようになるのです。

「二次感情」は「一次感情」に置き換える

アイ・メッセージが心に響きやすいのは、第1に「感情を伴う」表現だからです。喜び、感激、感謝などのポジティブな感情をダイレクトに伝える。だからこそ、相手の心に響くのです。

では、怒り、悲しみ、寂しさなどのネガティブな感情はどうすればいいのでしょうか。それもストレートにアイ・メッセージで伝えていいのでしょうか。

部下を叱りたくなる場面における上司の感情は、多くの場合「怒り」を伴います。しかし、怒りは本当の感情ではありません。「二次感情」であると言われているのです。たとえば、部下が約束を破って、期限までに資料を提出しなかった場合を考えてみましょう。「なぜだ！ ふざけるな！」と上司は怒ることでしょう。しかし、怒りの前にどのような気持ちがあったかを思い出すと、「一次感情」が見えてきます。

「期待していたのに、がっかりした」という落胆。

「この後、どうしよう」という恐れ。

「自分の言いつけが軽視された」という悲しみ、寂しさ。

これらの一次感情がやがて二次感情の「怒り」へと変わっていった。それがわかるのではないでしょうか。それならば、相手に伝える時、二次感情の怒りではなく、一次感情に変換して言う方が効果的です。

「なぜできなかったんだ！ ふざけるな！」と怒るのではなく、

「期待していたから、ちょっとがっかりしたよ」

「この後どうしようかと、私も少し不安なんだ」

「お願いしたことが軽視されたようで、ちょっと寂しい気分になったよ」

このように伝えてみてはいかがでしょうか。どちらの方が相手の心に届くかは明らかだと思います。

一次感情と二次感情

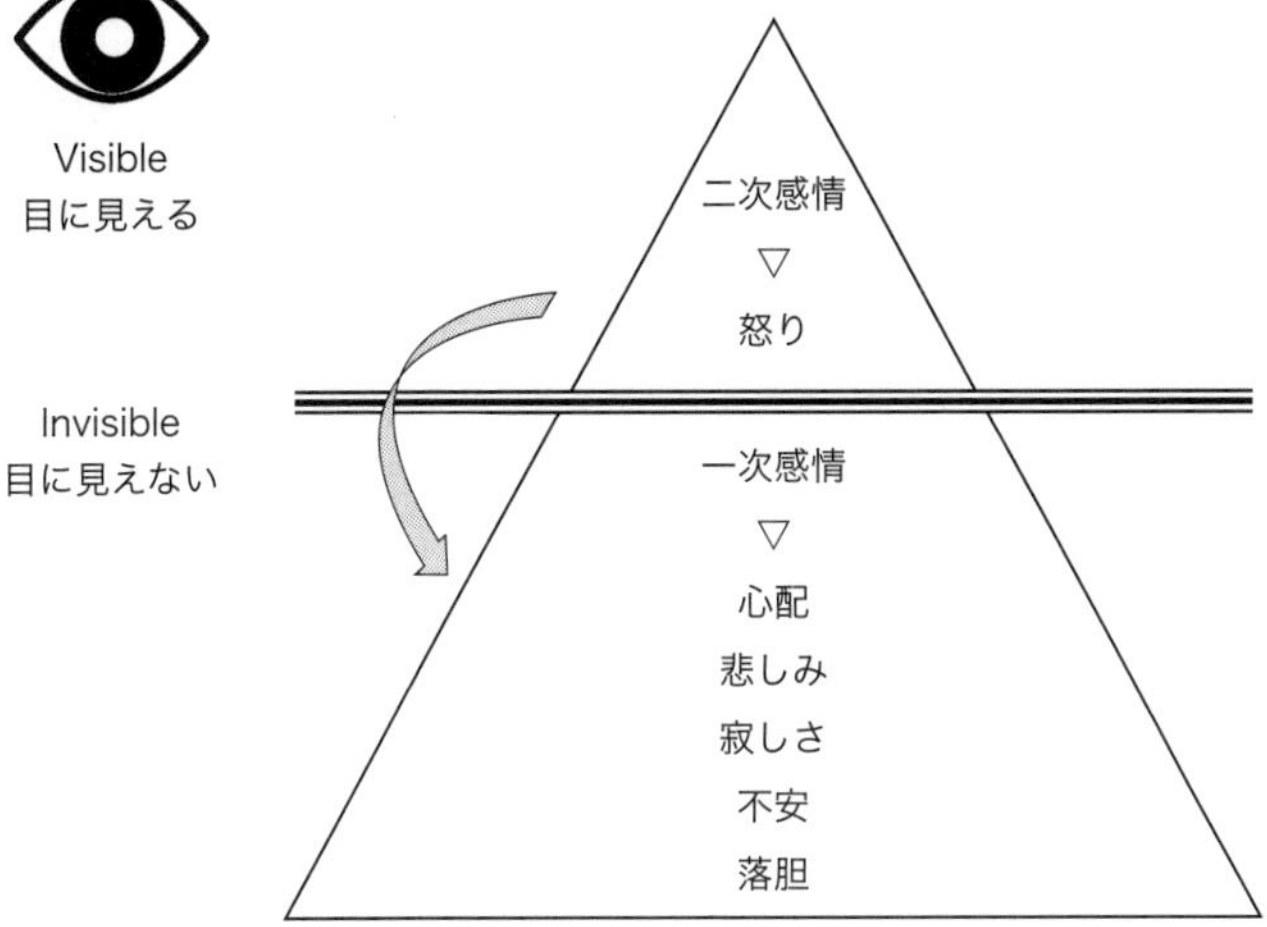

感情を伴うからこそ、威力があるアイ・メッセージ。しかし、「怒り」の感情はそのまま伝えてはいけません。そうではなく、一次感情に変換して伝えるのです。そのことにより、部下の主体性を引出し、部下を勇気づけることができるでしょう。

もちろん、ポジティブな感情は惜しみなくたっぷりと伝えてください。そちらの方がより強い勇気づけになります。２つを組み合わせて使うことで、叱りたくなる場面でも勇気づけを継続できます。

4 「犯人捜し」と「吊し上げ」の弊害

職場で問題が起きた時、素早く対処するのはもちろんのこと、再発防止に努めなければなりません。多くのビジネスパーソンは「原因分析をしっかりやれ」と教わっているはずです。なぜならば、原因分析を間違うと、取られる対策が見当違いになり、せっかくの対処がムダに終わってしまうからです。

「問題が起きた原因は何だ？」

「担当は誰だ？」

「なぜ見落としてしまったんだ？」

このように繰り返し「なぜ？」を問うのが原因分析の基本でしょう。確かにそれは必要なプロセスです。しかし、この原因分析が思わぬ「勇気くじき」を引き起こしていることに気づいていない上司が多いのです。

「担当は誰だ？ なぜ見落としたんだ？」

このように追及された時、担当者はしゅんとして小さくなるしかないでしょう。そして、この担当者は「責められている」と思います。そうです。原因分析は多くの場合、「犯人捜し」と「吊し上げ」になるのです。そして、問題を引き起こした担当者は犯罪者のように扱われ、罰を受けていると感じます。

一方、幸いにして担当ではなかった他の部下たちは、ほっと胸をなで下ろしつつ、「失敗しないようにしよう」「吊し上げられないようにしよう」と恐怖を感じながら、仕事をするようになるでしょう。

つまり、原因分析は勇気くじきになるのです。ミスをした当人だけでなく、それ以外の部下たちの勇気もまとめて奪ってしまう、非常に危険なプロセスです。

しかし、かといって問題を放置するわけにもいかない。では、現実的にはどうすればいいのでしょうか。

ソリューションだけにフォーカスする

勇気くじきをなくすために最もいい方法は、原因分析をやめてしまうことです。そして、いきなり問題の解決策を考える。ソリューション（問題解決）にフォーカスする（焦点を絞る）のです。

「さあ、今回と同じ問題を起こさないためには、どのような対策を取ればいいでしょうか。どんどんアイデアを出してください」

このように宣言して、いきなり解決策の立案に集中するのです。

原因分析をすると、犯人捜しと吊し上げになる。一方でソリューションにフォーカスすると職場が活気づき、明るくなります。上司はそれを意図的に行うのです。

問題の原因を分析し、適切な対策を取る。これは物理学的発想です。そして、正しい対策を取るという意味では必要不可欠なプロセスです。しかし、これは心理学的に見れば問題だらけです。先に述べた通り、部下の勇気くじきになるからです。

そんな時は心理学を優先して職場のコミュニケーションを取ることです。コミュケーションを取る場合、有効なのは物理学ではなく心理学です。そこに物理学の理論を持ち込むから会議がうまくいかなくなるのです。

企業の管理職は豊富な現場経験を持っています。そのため、多くの場合、職場で問題が起きた時には直感的に原因が推測できます。そして、その直感はかなりの確率で当たっているのです。であるならば、それをわざわざ検証するのをやめるべきです。

原因分析を飛ばしてソリューションにフォーカスする。それにより、叱るべき場面でさえ、部下を勇気づけることができるようになります。

原因分析はこっそりと少人数で

しかし、それでもまだ課題は残ります。論理的には原因分析というステップは不可欠だからです。また、次のように考える上司もいるでしょう。

「原因分析のやり方を会議などで共有しなければ、部下たちのスキルが上がらない。同じ失敗を繰り返さないためにも、実際の原因分析の場面を部下に見せなくては」

では、ソリューションを考える前に何をすればいいのでしょうか。

私のお勧めは、上司が1人で事前にしっかりと原因分析をしておくことです。必要に応じて、部下を1人ずつ呼び出して、状況をヒアリングする。もしくは現場に出向き、声を集める。そして、それを基に原因を特定しておくのです。

主要メンバーだけをこっそり集めて、数人で事前に原因分析を済ませておいてもいいでしょう。そして、全員が集まる会議ではソリューションだけにフォーカスするのです。

部下を叱る時は人目のないところでこっそり、ほめる時はみんなに聞こえる大きな声で。これは上司術の「基本の『き』」です。それと同じように、原因分析はこっそり、ソリューション・フォーカスはオープンにやればいいのです。そんな使い分けをぜひ実践してみてください。

どうしても原因分析を全員でやる必要がある場合は、極力そこに割く時間を短くして、解決策の議論に移りましょう。そのように応用すれば、あなたの職場でもソリューション・フォーカスの導入が可能なのではないでしょうか。

5 フィードバックとフィードフォワード

「山田さん、〇×商事さんの件でフィードバックしたいことがあるんだけど、ちょっと時間いいかな?」

このような感じで日頃よく使われているフィードバックという言葉。皆さんはその定義をご存知でしょうか。本来の定義は、「出力された結果を、原因側である入力に還元させせること」という技術的な用語です。

たとえば、エアコンは25度に設定すると自動的にその室温を保ってくれます。これはフィードバック機能が働いているからです。冷房をかけすぎて室温が24度になってしまったら、その温度をセンサーで感じ取り、エアコンの冷風を止める。これがフィードバックの働きです。

「出力された結果を、原因側である入力に還元させる」というと、かなり難しく聞こえます。そこで、私は少し意訳して以下のように説明しています。

「本来あるべき姿と現実とのギャップを、行為者本人に伝えること」

この方がわかりやすいのではないでしょうか。

では、似たような言葉である「フィードフォワード」とは何でしょうか。こちらはフィードバックほど頻繁には使われません。その意味を見てみましょう。

フィードフォワードとは、「未来の変化を予測して、あらかじめ対策を打っておくこと」と定義できます。先の例で言えば、実際の室温の変化をエアコンにフィードバックするのではなく、予測によってスイッチをオン・オフにするということです。

料理を例に取ると、味の加減を調節する時、適当に塩こしょうを振って味見をし、また振ってさらに味見をするというのがフィードバックのやり方です。一方で、フィードフォワードは、材料の量や食べる人の数を基にあらかじめ適切な塩こしょうの分量を決めて、味見をせずに味付けをする方法と言えます。フィードバックとフィードフォワードの違いがおわかりいただけたでしょうか。

フィードバックは5段階で考える

では、このフィードバックの手法を使って部下を叱らずに勇気づける方法を考えてみましょう。通常、フィードバックは5段階に分かれると言われます。「トイレに行った後、ズボンのチャックが開けっ放しになっていた人に注意を促す」という場面を例に取り、まずこの5段階を説明します。

第1段階は「事実」のフィードバックです。「チャックが開いているよ」。このように事実だけを伝えて、後の判断と対策は本人に委ねる、最も浅いフィードバックです。

第2段階は「主観」のフィードバックです。「チャックが開いているよ。変だよ」。

事実に「主観」「感想」を加えます。先述した「主観伝達」がこれに当たります。

第3段階は「評価」のフィードバックです。「チャックが開いていて変だよ。だらしないなあ」。このように○や×をつけて相手に伝えます。

第4段階は「提案」のフィードバックです。「チャックが開いていて変だよ。だらしないなあ。閉めたらどう?」。このように解決策を提示して、本人に行動を促します。これは先述の「誘い水」に当たります。具体例を示すことで、本人の思考を刺激し、発想を手助けするのです。もちろん、誘い水に乗って、相手が自発的に行動を選択したら、そちらの方を優先します。「出ては引く」の引くとセットで行うことが大切です。

第5段階は「命令」のフィードバックです。「チャックが開いていて変だよ。だらしないなあ。とっとと閉めろ!」というわけです。この段階までくると、ほとんど「叱る」と同じニュアンスになってしまいます。あまりお勧めできないフィードバックです。

このように見ていくと、第1段階が最も浅く、第5段階が最も深いフィードバックであることがわかるでしょう。部下の主体性を大切にし、自分で考えさせ、勇気づけるためには、浅いフィードバックが有効です。できれば第1段階や第2段階のフィードバックにとどめて、後は自分で選択させるのが勇気づけにつながります。

それでもダメな場合は第4段階の「誘い水」を用います。このように5段階のフィードバックを意識することで、叱らずに勇気づけのコミュニケーションを実践することが容易になります。ぜひ覚えておきたいスキルの1つです。

フィードフォワードで未来を見せる

フィードバックと同様、フィードフォワードも勇気づけに有効です。先のズボンのチャックの話で言えば、誰かがトイレに行くタイミングで、一言告げておくのです。

「チャックを開けっ放しにする人が多いみたいだよ」

こんな感じです。しかし、この際にもあまり深い忠告にならないよう、気をつけなければなりません。

「チャックを開けっ放しにするなよ！」と言うと、「決めつけ」や「命令」になってしまい、「叱る」と同じ勇気くじきになってしまいます。

フィードフォワードを実践する際のポイントは「予測」を客観的に伝えることです。「チャックを開けっ放しにする人が多いみたいだよ」は、まさに予測に当たります。

そして、できるだけ「命令」を入れないようにする。少し踏み込んで伝えたい時は、先に学んだ「質問」を組み合わせるのがベターです。「何か対策を考えていますか」と言い添えるのです。もっとも、ズボンのチャックの場合にはここまで踏み込む必要はないと思いますが。

企業の管理職は、部下に比べて豊富な経験を持っています。そして、豊富な経験を持っているからこそ、部下に比べて正確な未来予測ができます。逆に言えば、部下は上司に比べると少ない経験しか持っていないため、上司から見れば当然のように思える未来が予測できません。だからこそ、「命令」ではなく、「上司だけに見えている未来」を見せてあげることが、部下の勇気づけに有効なのです。

「きっとこんなことが起きるよ」と部下に伝えてあげましょう。フィードフォワードは必ずや部下に対する貴重なアドバイスになるでしょう。

「こんなやり方はダメだ！　やり直せ！」と叱るのではなく、「このやり方だとこんなトラブルが起きるかもしれないよ。何か対策は考えているかい？」とフィードフォワードする。それで勇気づけられた部下は事前に問題を回避するでしょう。フィードバックと組み合わせて使うと、効き目はさらに上がります。

第３章

教えてはいけない

1 指示をするから指示待ちになる

組織人事コンサルタントの私は、経営者から人材に関する悩みをよく聞きます。その中でも多い相談が「部下が指示待ちで困る」というものです。

「小倉さん、我が社の社員は指示待ちで困ります。一度、会社に来て彼らに活を入れてやってください」。そのように依頼されることが少なくありません。

そんな時、私はまずは会議を見せてもらうようにしています。普段の様子を見せてもらうことで実情がつかみやすくなるからです。

すると、案の定、私に相談してきた社長が会議の場を独占しています。9割、いや9割5分以上は社長が1人でしゃべっています。これでは、部下が口出ししたくても、できるわけがありません。社員が指示待ちになるのは当たり前。経営者が次から次へと指示を出しているのですから、社員はそれに従うよりほかに方法がないのです。

これは笑い話ではありません。「部下の主体性が低くて困ります」「責任感がありません」「後輩の指導をしようとしません」などはすべて同じ原因によるものです。

上司がしゃべりすぎる。上司が部下に命令をしすぎる。それが問題の根っこであることが多いのです。

先日、ある会社の幹部研修で、先述した5段階のフィードバックを課長さんたちに説明していた時のことです。会場の後ろの方で、研修をオブザーブ（見学）していた社長が大声で笑い出しました。何かと思って振り向くと、その社長はこう言ったのです。

「我が社に指示待ち社員が多い理由がよくわかった。私は社員一人ひとりに、『命令』のフィードバックをやりまくっているわい」

自分の頭で考え、自分の意思で行動する社員を育成したいと思うなら、部下にあれこれと教えてはいけません。指示、命令を通じて問題の答えを言ってはいけません。教えずに空白を作り出し、部下たちの手でその空白を埋めさせる。それこそが人材育成の本質なのです。

ティーチングとコーチング

相手の主体性を引き出すコミュニケーションの技術としてコーチングというスキルがあります。このコーチングと対比されるのがティーチングです。両者を比較すると「教えないこと」の有効性がよくわかるのではないでしょうか（次ページの表参照）。

ティーチングとは、学校の教室で先生が授業を行うようなものだとイメージしてください。コミュニケーションの方向は一方通行。生徒は黙って先生の教えを受け取ります。授業において、正解はすべて先生が持っており、それを生徒へ伝達する。まさに先生が生徒に、大人が子どもに教える関係です。

一方でコーチングは、その逆です。コミュニケーションは双方向。多くの場合、コーチは質問を投げかけるのが中心で、クライアントの方が多く話します。2人の対話において正解はクライアントが持っているとコーチは信じています。そして、それを引き出すお手伝いをする。コーチングの目的は、クライアントが自分で問題解決できるように支援することにあるため、このようなコミュニケーションになるのです。

本書が提案する「教えずに育てる」人材育成法は、コーチングの考え方に非常に近

ティーチングとコーチングの違い

	ティーチング Teaching	コーチング Coaching
目的	正解を教える	自分で解決できるように支援する
解決の主体者	ティーチャー（上司）	クライアント（部下）
方法論	ティーチャー（上司）のやり方	クライアント（部下）個々のやり方
正解のありどころ	ティーチャー（上司）の中	クライアント（部下）の中
コミュニケーションの方向性	一方通行	双方向

いと言えるでしょう。そして、この育て方はこれまで学んできた「ほめてはいけない」「叱ってはいけない」「勇気づける」と組み合わせて活用した時に、さらに大きな効果を発揮します。本章では「教えずに育てる」スキルをさらに深掘りして学んでいきたいと思います。

時と場合によって使い分ける

本書が提案する人材育成は「ほめてはいけない」「叱ってはいけない」「教えてはいけない」を基本スタンスとしています。しかし、あらゆる時、あらゆる場面でそうである必要はありません。時と場合によって使い分ける必要はあるが、基本は常に「ほめない」「叱らない」「教えない」に置く。それが現実的な位置づけです。

たとえば、先にお伝えした通り「ほめる」と「勇気づける」は完全にセパレートされたものではありません。２つの円は一部重なっています。ですから、そもそも完全に分離はできないのです。

また、あくまで基本は「叱らずに育てる」であったとしても、時にはどうしても叱らざるを得ないこともあるでしょう。

「教えない」も同じです。基本的なスタンスとして「教えない」という軸を持つにせよ、教える必要がある局面も当然あります。

しかし、だからといって、なし崩し的に「どちらでもいい」と考えてはいけません。例外はあるにせよ、「ほめない」「叱らない」「教えない」に常に戻ってくるとしっかり意識してください。

前章の「叱ってはいけない」において、「出ては引く」という考え方に触れました。部下が間違った行動を取っていた場合や質問を投げかけても答えが返ってこない時、「誘い水」を投げかけて部下の意見を引っ張り出す。そして、意見が出始めたところで、さっと元に戻る。これを「出ては引く」と表現したわけですが、「ほめない」「教えない」でも同様の態度が大切です。

ほめては引く。そして、「ほめずに勇気づける」という基本スタンスに戻っていく。教えることはあってもすぐに引き、教えないスタンスに回帰する。このように「出ては引く」を繰り返すのです。基本的スタンスを変えずに臨機応変に現実に対処していく。それが本書で言いたいことと理解していただければ幸いです。

2 基本形は「ホワイトスペース」と「支援応需」

「教えるから部下が指示待ちになる。教えないで育てるのです」

私がセミナーなどでそのように話すと、多くの管理職の皆さんは「どうやって？」と不思議そうな表情をされます。どうやら、「教えない＝放置」と勘違いされているようなのです。もちろん、そうではありません。教えない、けれども、きちんとサポートをしなければいけません。

「教えない」人材育成は、具体的にはゴールの共有から始まります。ＷＨＡＴすなわち「何を」成し遂げるのかというゴール設定、目標設定を上司と部下で行います。その際に、上司がゴールを押しつけないことが大切です。できれば部下が主体的に設定する。上司はそれに承認を与える形がいいでしょう。

次にそのゴールを達成するための手段、すなわち戦略・戦術を設定します。もしも、あなたの部下のレベルが高く、次期管理職候補なら、ここから先は本当に教えなくてもいいでしょう。ＨＯＷすなわち「どのように」成し遂げるのかを自分で考えさせるのです。

このように「教えない」人材育成の基本形は、ＷＨＡＴ（何を）は一緒に設定するものの、ＨＯＷ（どのように）は部下に委ねるというものです。そうして「ホワイトスペース」（余白）を作り出すのです。ホワイトスペースができると、部下はそれを埋めようと考えます。そして自発的に行動を起こし始めます。

しかし、ＨＯＷ（どのように）をすべて部下に委ねるのは危険だと感じる上司もいるでしょう。もう少し支援が必要だ。そう考える場合は、先に学んだ「質問」や「誘い水」を使って、戦略・戦術を部下が考えるための支援をすればいいでしょう。５段階のフィードバックの「事実」と「主観」を基本として使いながら、時々「誘い水」として第4段階の「提案」を織り交ぜるのです。そして、出ては引く。サッとホワイトスペースに戻る。これが「教えない」人材育成の基本形の1つです。

支援応需は事前告知が鉄則

さて、ホワイトスペースを作り出すべく、WHAT（何を）を一緒に設定し、HOW（どのように）を部下から引き出したとしましょう。その後、上司は何もしなくてもいいのでしょうか。いいえ、そうではありません。この後も継続的にしっかりサポートを続けなくてはなりません。しかし、甘やかしたり、世話焼きをしてもいけない。部下の自主性を尊重して、常に適度な距離を取り続けることが肝要です。では、具体的にどのようにすればいいのでしょうか。

「教えない」部下育成の基本形の2つ目は「支援応需」です。応需とは需要に応えること。すなわち部下から「教えてください」「手伝ってください」と要請があった時に初めて上司がそれに「応える」のです。決してこちらから「教えてあげようか」と声をかけるのではない支援スタイルです。

この「支援応需」を行う場合には事前告知が鉄則です。部下に何も言わずに上司が支援応需と決め込んでも、部下は戸惑うばかりでしょう。

「急に課長が何も言わなくなったぞ。もう自分は見捨てられたのかもしれない」

「部長が何も教えてくれない。きっと、やる気がなくなったんだな」

こんなふうに誤解されてしまうのがオチです。そうならないように、支援応需を導入する際には、あらかじめ部下にそれを告げておくことが必要です。

「鈴木さん、私はこれまであなたに対して、ずいぶん余計なおせっかいを焼いてきました。よかれと思ってやってきたのですが、それが鈴木さんの自主性を損なっていたことに気づきました。だから、これからは余計な口出しを極力控えようと思います」

このように背景を含めてしっかりと事前告知をするのです。そして、その後のサポート体制についてもきちんと説明しておきます。

「かといって、鈴木さんを助けたい気持ちがないわけではありません。もし、鈴木さんが私に教えてほしいことや、手伝ってほしいことがあれば、いつでも声をかけてください。私は喜んでサポートしたいと思います。いつでも声をかけてもらうことをお待ちしていますよ」

このように伝えるのです。さらに、次のように考え方の背景や信念を付け加えれば、なおよいと思います。

「私は、鈴木さんが自分自身の力で課題を解決できると信じています。もしも、何らかの問題が起きたなら、鈴木さんは自分の力でそれを解決するか、もしくは、適切なタイミングで私に支援を求めてください。私がこのように言う理由は、鈴木さんの能力を信じているからです。理解してもらえますでしょうか」

「知識・技術」中心から「姿勢・意欲」中心の育成へ

これまでの流れでおわかりの通り、「教えない」部下育成で大切にしているのは、部下の自主性、主体性です。部下のスキル、すなわち知識や技術を底上げするのではなく、それらの大前提となる姿勢や意欲を高めるのが目的なのです。

人材育成の対象となるもの

人材育成の対象は大きく2つに分類できます（右の図参照）。1つは、ピラミッドの上部に当たる「知識・技術」です。商品知識、業務技術、論理的思考など通常、狭義のスキルと呼ばれるものが1つ目の育成対象となります。

もう1つは、ピラミッドの底部に当たる「姿勢・意欲」です。この「姿勢」こそが本書のテーマである自主性、主体性や責任感です。そして、この「姿勢・意欲」の育成こそが最も大切なのです。

この姿勢・意欲がない部下に知識・技術を詰め込んでも、右の耳から左の耳にすぐに抜けてしまいます。そもそも本人にやる気がないのですから、いくら教えてもすべてがムダになってしまうのです。

逆に、姿勢・意欲さえしっかり育成できれば、知識・技術の教育は不要になるでしょう。なぜならば、やる気に満ちた部下は、上司が教えなくても自分から勉強を始めるからです。本を読み、上司に質問をし、自己投資で知識・技術をため込んでいくはずです。

人材育成の要諦は、姿勢・意欲の開発にあります。そして、それに最も有効なのが「教えない」育て方です。すなわち「ホワイトスペース」を作り「支援応需」の姿勢を貫くことが最良の道と言えます。

ちなみに、意欲を高めるのに最も効くのが「勇気づけ」です。そして、それを支えるのが「ほめない」人材育成であり、「叱らない」人材育成です。これまで学んできた人材育成手法を駆使することで、自分の力で問題を解決できる人材が育ち始めるのです。

3 定例面談という「場」を作る

支援応需による「教えない」部下育成がホワイトスペースを作り、部下の自主性を引き出す。この考え方をお伝えすると、部下を持つ多くの管理職の方に理解してもらえます。しかし、中には、次のようにお困りの人もいるようです。

「部下に支援応需を伝えても、需要、すなわち『教えてください』という声が全く上がってきません。こちらとしては心配で、心配で…。危うく、以前の『ほめる』『叱る』『教える』に戻ってしまいそうになります」

どうやら、このような悩みを持つ管理職は少なくないようです。

そんな時、私は上司と部下が1対1で向き合いながら話をする「定例面談」をお勧めしています。定例面談とは読んで字のごとく、定期的に面談を行うこと。たとえば、「毎週火曜日朝9時から9時15分まで」と時間を決めて、面談をするのです。

私はかつて、コンサルティング会社を経営していた時に、営業部長、コンサルティング部長、管理部長と週1回この面談を続けていました。そして、非常に大きな手応えを感じることができました。部下に対して支援ができている。部下の役に立ちながら、彼らの自発性や主体性という「姿勢」を開発できている。そうした強い実感がありました。

しかし、このように面談をすること自体が支援応需にならないのではないか、という疑問もあることでしょう。おっしゃる通り。本来は、このような面談機会などを設けずとも、部下の方から「教えてください」「手伝ってください」と要請があるのが望ましい姿です。しかし、それがないのであれば、そこは現実的に対応しなくてはいけません。定例面談自体が「誘い水」となり、「出ては引く」の「出る」部分になればいいのではないか。私はそう思っています。

「取り調べ尋問」は百害あって一利なし

定例面談は本来の支援応需ではありません。需要が見えない場合の次善の策。しかし、面談そのものの進め方を支援応需にすることは十分に可能でしょう。面談の進行を全面的に部下に委ね、部下が主役、上司が脇役のスタイルにするのです。

「さあ、鈴木さん、今から15分、面談をしましょう。この15分は鈴木さんが自由に使ってください。私に質問したいことがあれば、何でもお答えします。お手伝いすべきことがあれば、何でも言ってください。私は鈴木さんを支援したいのです」

するると、鈴木さんは以下のように質問をしてくれることでしょう。

「クライアントの○×商事さんについて相談に乗ってもらってもいいでしょうか。○×商事さんはある課題を抱えており、我が社の商品Aを解決策として提案しようと考えています。この件について、助言をもらえませんでしょうか」

このように、教えてくださいという質問や、手助けの依頼があればしめたもの。これに上司が応えることこそが支援応需になります。

そのためにも、定例面談の進行方法を工夫することが大切です。決して上司が主役になってはいけません。面談と聞いて、世のほとんどの上司が思い浮かべるのは、上司が主役の話し合いばかり。私はかつての自分に対する自戒の念を込めて、これを「取り調べ尋問」と呼んでいます。

取り調べ尋問とは、上司による、上司のための、上司が主役の面談です。通常は以下のように展開されます。

「鈴木さん、早速だけど、この前頼んだ仕事どうなってるの？」
「はい、申し訳ありませんが、まだ着手できていません…」
「え？　まだ未着手？　何をやってるんだよ」
「申し訳ありません。他の仕事に追われていまして」
「他の仕事って何？　そもそも昨日は何をしていたの？　一昨日は？　その前は？」

まるで犯人を追い詰める刑事のようです。だからこそ、私はこれを取り調べ尋問と呼び、「絶対にやってはいけない」とお伝えしているのです。

恥ずかしながら、かつての私はこれを頻繁にやっていました。取り調べ尋問をすることにより、上司である私自身がスッキリし、心配事がなくなるからです。

しかし、その分、大きな代償を払わなければなりません。部下は上司から尋問されることにより、「やらされ感」でいっぱいになります。そして部下の自主性は失われます。つまり、部下育成で最も大切な「姿勢開発」ができなくなってしまうのです。

上司がスッキリする半面、部下育成の効果はマイナスになる。そんな本末転倒の面談の仕方が取り調べ尋問です。上司はこの過ちを犯さないように、部下が主役の面談スタイルをいつも心がけなければなりません。

接触頻度を上げて信頼関係を築く

遠距離恋愛がうまくいかないのには理由があります。人は会う回数、すなわち接触頻度が高くなると相手に好感を持ちやすくなります。それは様々な心理学の実験からも明らかです。

もしも恋敵が相手の近くにいたとしたら…。会う頻度が高い方が有利になり、低い方が不利になる。だから、遠距離恋愛はうまくいかないケースが多いのです。もちろん、これは恋愛に限った話ではありません。上司と部下の信頼関係においても同じことが言えるでしょう。

上司と部下が1対1で週1回の面談を2年間続けたら何が起きるでしょうか。

ある大手IT企業では、2年前から全管理職が部下と週1回、1対1の面談を続けています。また、経営トップも部門責任者と同様の面談をしています。継続しているのは、その取り組みに効果があるから。効果がなければ、とっくにやめているでしょう。では、その効果とは何でしょうか。

売り上げ、利益などの最終成果と面談との間に直接的な因果関係があるかどうかはわかりません。業績に影響を与えるファクターは数多くあるため、面談のプラスの効果を証明することは極めて困難です。しかし、明確にわかることとして、同社では「メンタルヘルス的な要因で仕事を休む社員が激減した」ということです。

これは、先の心理学の実験の通りです。つまり、上司と部下の接触頻度が高まったことにより、両者の信頼関係が深まった。そう考えることができるでしょう。

人材育成において、上司と部下の信頼関係は欠かすことができません。

「子どもとの信頼関係を悪化させた後で、支援をしようとしてもうまくいかない」

アドラーの言葉です。

定例面談を支援応需で行うことにより、部下と信頼関係を築く。部下育成に有効な方法であることは間違いありません。

4 「あなたはどうしたい？」オウム返しの質問をする

支援応需が「教えない」部下育成の基本形です。しかし、部下からの支援要請がない場合はどうすればいいかという疑問にお答えして、定例面談の導入を提案しました。

本項では、それと同じくらいに多い質問、「部下から『どうしたらいいですか？』と正解を求められた場合はどう対処すべきか」に対する答えを示したいと思います。

「どうしたらいいですか？」と質問されたら正解を教えればいいというほど支援応需は単純なものではありません。「教えない」部下育成は、部下に自分の頭で考え、自分の意思で決定する力をつけてもらうのが狙いです。いくら支援応需だからといって、部下の求めに応じて上司が正解を提示していたら、思考力はつきませんし、自主性も高まることはありません。正解を伝えるのは、単なる甘やかしになってしまいます。

「では、どんな手があるのですか？」

このように質問をしてきた上司の方に対して、私はいつも同じ返答をすることにしています。それは「あなたはどうしたいですか？」というオウム返しの質問です。

私にオウム返しの質問をされた人の反応は2通りに分かれます。1つは勘のいいタイプ。つまり「しまった！　自分自身が部下と同じことをやってしまった！」とすぐに気づき、同時に私の質問自体が答えになっていることを悟る人です。

そして、もう1つは、さらに墓穴を掘るタイプ。「小倉さん、そんな意地悪を言わずに答えを教えてくださいよ」と突っ込んでくる。自分が批判している部下と同じことをしていることに気がついていないのです。

「どうしたらいいですか？」。部下にそう問われたら、まずはオウム返しで応じましょう。「あなたはどうしたいの？」と。

何より先に部下の意思を問うのです。そこで答えを言ってはいけません。「答えを言った方が早い」という誘惑に耐え、「教えない」部下育成を優先してオウム返しの質問をするのです。「あなたはどうしたいの？」は「教えない」部下育成の最も基本となるスキルの1つです。

「どうすべき?」ではなく「どうしたい?」と聞く

オウム返しを行う際に気をつけていただきたいことがあります。それは「どうしたいの?」と問うオウム返しはOKですが、「どうすべきだと思う?」は禁句であるということです。

「どうしたいの?」という質問は「部下の意思」を確認する質問です。部下はそれに対する答えを考えることで、自らの頭を使うと同時に腹を固めます。「私はこうしたい!」という意思を持つことで、自主性や責任感を高めるのです。

一方、「どうすべきだと思う?」と問われた部下は瞬間的に「正解探し」を行います。「こう言えば上司が喜ぶかな」「こんなことを言ったら叱られそうだな」。部下は自主性や責任感とは対極的にある「依存」や「責任逃れ」モードに移行します。つまり、そこに部下の意思はありません。あたかも試験問題の正解を考えるかのように、叱られずに済みそうな答えを「客観的」に探すのです。

かつて私がリクルートに勤めていた頃、このオウム返しで徹底的に鍛えられました。入社2年目で経営のサポートをする事業企画室に異動になった時、私は経営というあまりの重責にびびってしまい、いつしか正解探しをするようになっていました。

「この課題を解決するにはA案とB案とC案の3つの方法があると思います。それぞれのメリットとデメリットはここに書いた通りです。課長、どれがいいでしょうか？決めていただけますでしょうか？」

自分の意思を明確にせずに上司に丸投げしてしまったのです。すると、上司はいつもオウム返しをしてきました。

「おまえはどうしたいの？」

入社2〜3年目のペーペーとも言える私に、経営の重要事項について「意思」を確認してくれたのです。しかし、当時の私はその言葉の意味を理解せず、ズレた回答を何度もしてしまいました。

「はい…。コスト面から考えればA案です。しかし、効果を考えればB案だと思います」

上司はそこで許してくれるほど甘くありません。

「あのね、小倉、『どうすべきか』なんて聞いてない。おまえは『どうしたいのか？』と聞いてるんだよ」

その質問はずしんと響きました。べき論は他人事。しかし、「どうしたいのか？」という意思は自分事。言い逃れはできません。私はその時初めて、自分が責任ある仕事をしているという自覚を持ちました。そして、その後も私は繰り返し問われ続けました。「おまえはどうしたいのか？」と。

「どうしたい？」と「どうすべき？」。たった3文字の違いが、大きな差を生み出します。「どうすべきだと思う？」というオウム返しをしてはいけません。「あなたはどうしたいの？」と意思を問うてください。それが相手の自主性、責任感を高めることにつながります。一番大切な姿勢を養うことに役立つのです。

「答え持ってこいルール」で職場を変える

「どうしたらいいですか？」

「あなたはどうしたいの？」

このようなオウム返しが繰り返し行われるようになったら、これを部署のルールにしてしまってもいいでしょう。私はそのルールをこう呼んでいます。

「答え持ってこいルール」

部下が上司に相談する際には必ず自分なりの答え、すなわち意思を持ってくること。このルールが導入された後に、部下がうっかり正解を求める質問をしたら、上司はこのように答えればいいのです。

「課長、どうしたらいいでしょうか？」

「あれ？『答え持ってこいルール』を忘れちゃったの？　あなたなりの『私はこうしたい』を持ってこないと相談に乗ることはできないよ。もう一度出直してくれるかな」

やがて部下の間に「自分の意見がないと上司は相談に応じてくれない」という考え方が根付いていきます。それはやがて「自分の意見を持つことが必要である」という風土に変わっていき、それが当然のようになっていきます。そうなればしめたもの。「教えない」部下育成が職場に定着し始めます。

5 悩む部下にヒントを与える「リソース補給」

「教えない」部下育成の基本形である支援応需の具体策の1つに「リソースを補給する」というものがあります。リソースとは、資源のこと。通常、経営の4つの資源といえば、ヒト、モノ、カネ、情報です。部下に対するリソースの補給とは、4番目の情報のこと。すなわち、知恵や知識という資源を部下に補給することにより、自分の力で問題を解決できるよう支援するのです。

これは知的リソースの補給であると同時に心のリソースの補給にもなるでしょう。つまり、先が見えずに不安を感じている部下に対する勇気づけになる。何度も述べてきたように、勇気とは困難を克服する活力のことです。解決策が見つからずに悩んでいる部下は、行き詰まりだけでなく、不安や恐怖も感じていることでしょう。そこにヒントを与えるリソースの補給は、気持ちを楽にするクスリにもなるのです。

では、リソースの補給にはどのような種類があるでしょうか。代表的なリソースは以下の3つに集約されます。

（１）経験のリソース
（２）視点のリソース
（３）枠組みのリソース

経験のリソースとは、成功体験、失敗体験を伝えることで部下にヒントを与えるというものです。部下が悶々と悩んでいる時に、最も有効なのは抽象論ではなく、具体的な事例です。上司は部下に比べて豊富な経験を持っています。それを部下に補給するのです。

「昔、こんな失敗をしてしまってね。それ以来、ここには注意するようにしているんだよ」

「そういえば、X社への提案ではこんなやり方が有効だったよ」

このように部下へ経験という情報を提供するのです。

視点のリソースとは、ものの見方を提供し、新たな角度から部下に考えさせるというものです。たとえば、「自社視点」ではなく「顧客視点」で考える、「短期視点」ではなく「長期視点」で解決策を探すというように、思考の軸をチェンジする提案をするのです。

その際には抽象的提案だけでなく、具体的な質問を織り交ぜてもいいでしょう。たとえば、「クライアントA社のB部長はどんな提案を喜ぶだろうか？」「もし、あなたが社長だったら、どの案を選ぶと思う？」などと質問するのです。

枠組みのリソース補給は、枠を与えるというよりは、むしろ枠を取り除く意味を持ちます。私たちは時に、ありもしない枠組みに縛られて、身動きが取れなくなってしまいます。「どうせ無理だろう」「予算がない」「時間が足りない」「過去に前例がない」などなど。これらを勝手に「できない理由」に仕立て上げ、自縄自縛に陥ってしまう。勝手に思考の幅を狭めてしまっているのです。そんな時は、枠を取り払って自由に考えられるよう、助言を与えることが有効です。

「もしも、予算や時間が無制限にあったとしたら何をする？」

「過去に前例のないアイデアでもOKだとしたらどうする？」

このようなアドバイスをするのです。すると、行き詰まり感が解消し、スルスルと多くのアイデアが出てきたりするもの。そして、案外それらの中には「今の予算やスケジュールで十分実現可能なもの」があったりします。

このように、経験のリソース、視点のリソース、枠組みのリソースを補給しながら、部下の課題解決をサポートしてください。それこそが「教えない」部下育成になるのです。

「質問」「ひとりごと」「提案」の3つの伝え方

3つのリソースを部下に与える際、伝え方にも同じく3つの方法があります。すなわち、(A)質問、(B)ひとりごと、(C)提案です。そして、この3つは、上の方ほど「浅い関与=教えない」に、下に行くほど「深い関与=教える」に近づきます。ですから、上司はできるだけ(A)の質問の形でリソースを補給し、それだけでは不足の場合に限り、ひとりごとや提案を織り交ぜるのが望ましいでしょう。

ここで言う質問とは、文字通り問いかけでリソースを補給する方法です。ひとりごととは、あたかもひとりごとのように部下に伝えるということです。「そういえば、こんなやり方でうまくいったことがあったなあ」。こんなふうに、押しつけず、提案をせず、「主観」として部下に伝えるのです。上司のひとりごとを参考にするかどうかは部下に委ねられます。緩やかな伝達といえるでしょう。

提案は文字通り「こうやったらどうかな」と具体的に示す形です。ここで大切なのは決して「命令」になってはいけないということです。あくまでも部下に選択の余地を与え、自分の意思で決めさせること。つまり、上司の提案を部下が却下することがあってもいい。それがしやすいような雰囲気を作ることも重要です。

経験のリソース補給、視点のリソース補給、枠組みのリソース補給を、それぞれ質問、ひとりごと、提案として実践すると、以下のような言い方になります。

経験のリソース補給

質問↓「似たような問題で、以前うまくいった経験はないかな？　何か思い出せない？」

ひとりごと↓「以前、A社でこんなやり方がうまくいったことがあったなあ」

提案↓「以前、B社でやったやり方を応用してみたら？」

視点のリソース補給

質問↓「C社のX部長は、どんな提案をしたら喜んでくれるだろうか？」
ひとりごと↓「自社視点じゃなくて顧客視点で考えるという手もあるね」
提案↓「D社のY部長は、たとえばこんな提案を喜んでくれるんじゃないかな」

枠組みのリソース補給

質問↓「予算や時間の制約がなかったとしたら、どんな案がある？」
ひとりごと↓「予算や時間の制約がなかったら、こんなやり方があるかもね」
提案↓「制約を取り払って、こんな対策を取ってみたらどうだろう」

いずれにせよ、ポイントは「決定を部下の意思に委ねる」ということです。押しつけにならないように気をつけながら部下をサポートしたいものです。

第４章

「自然の結末」を体験させる

1 人は体験からしか学べない

思い出してください。皆さんが「自分が一皮むけた」と思う体験はどのようなものだったでしょうか。どんな時に大きな成長を実感しましたか。

私が思い出すことのほとんどは「失敗体験」です。つまり、失敗して痛い目に遭い、死にものぐるいで試行錯誤し、考える。そして、その失敗を乗り越えて、成功をつかんだ瞬間に大きく成長できた。そればかりを思い出します。

若い頃の私は自分の意思で物事を決める勇気を持てずにいました。そして、複数の選択肢を作っては上司に判断を委ねていました。先述したように、そんな時、上司は厳しく私に「オウム返し」をしてきました。「おまえはどうしたいんだ?」。それを繰り返すうちに気づいたのです。仕事をするということは意思を持つことだ。若さや経験の浅さを言い訳にしてはいけない。たとえ新入社員であっても自分の意思を持つことが重要である、と。

また管理職になってからの私は、若い頃とは逆に、自分の意思を部下に押しつけて失敗ばかりしていました。「なぜわからない？」「俺の言うことが聞けないのか」。そうやって部下に命令し、その結果、チームがまとまらず途方に暮れるという事態を繰り返しました。しかし、それではいけないと気づき、「ほめない」「叱らない」「教えない」部下育成に舵を切った。そこで私は大きく変わることができました。

人は体験から学びます。いや、体験からしか学べない。私はそう思います。しかし、中にはそれではいけないという人もいます。「愚者は経験から学ぶ。賢者は歴史から学ぶ」。ドイツの鉄血宰相オットー・ビスマルクはこう語ったと言われます。

しかし、これは大いなる誤解です。ビスマルクの名言をかなり曲解した表現と言えるでしょう。原文ではビスマルクはこのように言っています。「愚者だけが自分の経験から学ぶと信じている。私はむしろ、最初から自分の誤りを避けるため、他人の経験から学ぶのを好む」。つまり、歴史とは他人の経験であります。この名言は経験から学ぶことを戒めているのではなく、自らの経験に加えて他者の経験からも学ぶことを推奨している。そう理解できるのではないでしょうか。

私はさらにこう思います。他者の経験に学ぶためには、類似する体験を自ら積んでいなければいけないのではないか。つまり、「歴史から学ぶ＝他者の経験から学ぶ」

ために は、一定以上の経験を自分で積まなくてはならない。そうでなくては他者から学ぶことはできない。そう思います。
そう考えると経験量の少ない部下には、できるだけ多くの経験を積ませることが必要であることがわかります。人は経験からしか学ぶことができない、のですから。

「やらされた体験」では成長しない

しかし、いくら経験が重要だからといって、指示・命令に基づく作業だけを体験させても人は成長しません。私は管理職研修でよく、受講生にこのような質問をします。

「想像してみてください。あなたが上司からある指示を受け、言われた通りにやって失敗したとします。その時、あなたは反省しますか？」

すると10人中10人がこう答えます。

「反省しません。言われた通りにやったのだから、上司の責任だと思います。私は悪くありません」。さて、この体験を通じて部下は何かを学ぶでしょうか。恐らく、「上司のせいにする」ことを学ぶのがせいぜいでしょう。せっかくの失敗体験が実になることはないのです。

その逆の成功体験も然りです。

「想像してみてください。あなたが上司からある指示を受け、言われた通りにやって成功したとします。あなたはうれしいですか」

すると前と同じく10人中10人がこう答えます。

「いいえ、うれしくありません。うまくいったのは上司の手柄です。自分は作業をしただけですから、実力だとは思えません」。さて、この体験を通じて部下は何かを学ぶでしょうか。恐らく、何も学べないのではないか。せっかくの成功体験が成長につながることはないと私は思います。

人は「やらされた体験」からは学べません。自分の意思で決め、試行錯誤した中での体験だからこそ深い学びがあるのです。

だからこそ、部下に体験を積ませる時に上司は「教えてはならない」のです。自分の頭で考えさせ、自分の意思で決めさせる。それが重要なのだと私は思います。

先回りして失敗を防いではいけない

小さな子どもが補助輪を外して自転車に乗る練習をしている場面を想像してみてください。あなたは子どもが転ばないように、後ろの荷台を手で支えて自転車を押しています。そして、どこかで手を離そうと思っています。しかし、子どもが転ぶところを見たくないあなたは、手を離すことができません。そして、いつまでも荷台を握り、自転車を押したままになってしまった…。さて、この子どもは1人で自転車に乗ることができるようになるでしょうか。

もちろん、答えはＮＯです。転ばないように、失敗しないように先回りしている限り、子どもはいつまでたっても自転車に乗れるようにはなりません。そうではなく、勇気を持って手を離すのです。すると、子どもはおそらくガシャーンと転ぶことでしょう。そして、膝を擦りむくでしょう。その痛みをバネにして「今度こそは！」と試行錯誤し、やがてスイスイと乗れるようになる。これが人の成長のプロセスです。

それは仕事においても同じこと。部下には失敗する権利がある。それを上司が先回りして奪ってしまってはいけません。上司がすべきなのは部下に失敗を経験させること。そして、そこから学び取るチャンスを与えることです。決して、自転車の荷台を持つことではありません。

2 「自然の結末」とは何か

子どもが学校へ行く時、いつも忘れ物をして先生に叱られています。「親御さんからも注意してください」。あなたは先生からそう言われました。そんな時、あなたはどのような対応を取るでしょうか。

（1）「忘れ物ばかりして！　もうするんじゃないぞ！」ときつく叱る
（2）「教科書は持った？　ハンカチは？　お弁当は？」と先回りして忘れ物を防ぐ
（3）何も言わない

（1）の対応は「叱る」こと。第2章で学んだ通り「叱る」ことは勇気くじきになり、逆効果になるのは既にご存知の通りです。

（2）の対応は先回りをして「教える」こと。これもまた、第3章で学んだ通り、相手の自主性とやる気を奪う結果を招きます。

残るのが（3）の「何も言わない」です。そう、これこそがアドラー心理学が教える子育ての方法、「自然の結末を体験させる」ということです。

忘れ物をして困るのは子ども自身です。叱られて嫌な思いをするのも子どもです。であるならば、大人が出しゃばって、事に介入してはいけません。（1）のように叱ることも、（2）のように世話を焼くことも、子どもが体験から学ぶ機会を奪うことになります。

子どもが忘れ物をしたのに気づいても、放っておくのです。困ったら自分で取りに戻ってくるだろう。困ったら次から忘れないように気をつけるだろう。そのように広い心で構え、子どもが気づくのを待つ。それが自然の結末を体験させる子育てです。この考え方は部下の育成にも応用できます。

小さな失敗であるならば、放っておいてどんどん体験させる。上司はそこから部下が学ぶことを見守っていればいいのです。

親には子どもの人生は生きられない

自然の結末を体験させることは、時に「無責任」であるように誤解されます。「部下が失敗するのをわかっていながら放っておくとは何事か。なぜ、みすみす痛い目に遭わせるのか」。そう疑問に感じる人も少なくありません。

これに対してアドラーは次のように答えています。

「親が子どもの人生を代わりに生きることはできない」

そうです。上司は部下の人生を代わりに生きることはできません。もし、上司が一生をかけて部下を守り通すことができるのならば、部下を助けてもいいでしょう。しかし、それは絶対にできないことです。

部下は必ずあなたの元を離れていきます。そして、独り立ちしていくのです。上司にできるのは独り立ちの能力をつけてあげること。そのためには、目先の失敗に目くじらを立てず、育成の視点を優先させることが大切です。

放っておくのは冷たい仕打ちか

自然の結末を体験させることは、時に冷酷であるかのように誤解されることもあります。しかし、私はそうは思いません。部下に失敗をさせないように余計な世話を焼くことの方がよほど残酷です。部下を子ども扱いし、「どうせあなたは1人ではできないのだから、私が手伝ってあげる」と手を貸すことで、相手に劣等感をすり込むことになるからです。

アドラー心理学の子育ては、年齢や立場にかかわらず、常に対等の関係であることを重んじます。親子であっても、上下の関係ではなく、対等の関係として接する。相互尊敬、相互信頼の関係でなくては、よい子育てはできないと考えるのです。

つまり、自然の結末を体験させるということは、「あなたなら、きっと自分の力で成し遂げることができる」と期待し、信じることにほかなりません。そして、たとえそこで失敗したとしても、さらに相手を信じ続けるのです。

「あなたはきっとこの体験から学ぶことができる。次はきっと1人でできる」そう信じる。それが自然の結末を体験させるということなのです。

迷惑がかかる場合はどうするか

「いやいや、小倉さん、そうは言っても子育てと部下育成は違います。たとえば、毎回毎回、会議に遅刻する部下がいたら、待っている他のメンバーは大迷惑です。人に迷惑をかけるのを許すわけにはいきません」

このような質問をよくいただきます。しかし、人に迷惑が及ぶ場合の対応は簡単です。会議に遅刻するのなら、その部下を待つことなく、定刻通りに始めればいいのです。

遅れることで大事な話を聞きそびれ、困るのは遅刻した本人です。それを未然に防ぐために会議の開始時刻を遅らせる必要は全くありません。あわてふためいて部下が会議室に入ってきても、軽く受け流し、何事もなかったかのように会議を進行すればいいのです。

遅刻の常習犯になり、同僚から信頼をなくして困るのも本人です。それをあらかじめ言い聞かせてもムダでしょう。実際に信頼をなくして、同僚の協力を得られなくなった時、部下は初めて事の重大性に気づくでしょう。

自然の結末を体験させるために、周囲が我慢をする必要はありません。周りの人は淡々と普段通りに仕事を進めていく。それが肝心なのです。

3 嫌みを言ってはならない

自然の結末を体験させる際に、注意すべきことはほかにもあります。それは「嫌みを言ってはならない」ということです。先ほどの会議に遅刻してくる部下の例で考えてみましょう。

あなたは部下の鈴木さんの姿が見えなくても、構わずに会議を始めました。開始から15分後、あわてて鈴木さんが会議室に駆け込んできたと仮定しましょう。

「すみません！ 遅くなりました！ 申し訳ありません！」

そう叫ぶ鈴木さんに対して、あなたはぶつぶつと嫌みを言いました。

「また、遅刻か。しかし、よく毎回毎回遅れるね。周りの迷惑を考えたことがあるのか。神経を疑うよ」

このような言葉を吐いた瞬間に「自然の結末を体験させる」は成り立たなくなります。相互尊敬、相互信頼に基づく部下育成ではなくなってしまうからです。部下は嫌みを言われたことで「罰を与えられた」と思うでしょう。

自然の結末を体験させるのであれば、絶対に嫌みや小言を言わないことです。大声で謝罪する鈴木さんに対して、あなたはごく自然に振る舞いましょう。「おはよう！」と爽やかに挨拶して、サラリと会議に戻る。その時初めて鈴木さんは自らの責任を自覚をすることになります。

嫌みを言われた部下は、反省せずに怒りの矛先を上司に向けるでしょう。いわゆる「逆ギレ」です。上司の言っている内容が１００％正しくても、言い方が悪いという論理にすり替えて自己正当化を行います。

「何もあんなに厳しい言い方をしなくてもいいじゃないか」

「ねちねちと嫌みを言うなんてひどいよな」

こうなってしまうのです。しかし、何事もなかったかのようにサラリと振る舞えば、部下は怒りの矛先を上司に向けることができません。気まずい雰囲気は自然と自分に向かってきます。そして、自分の意思で考え始めるのです。

「このままではまずいな。何とかしなくては…」

これが「自然の結末を体験させる」ということです。上司や親のような上位者は、自然の結末を体験させる際に、嫌みや小言を言わないように注意をしなければなりません。嫌みや小言は罰になるからです。要注意のポイントです。

「事前告知」と「信頼関係」に注意を払う

さらにもう1つ、気をつけておきたいポイントを取り上げます。それは「自然の結末を体験させるためには、事前告知と信頼関係が大切である」ということです。自然の結末を体験させるということは、本来「信頼」と「尊敬」の証です。しかし、それまで散々、嫌みを言ったり、世話焼きやおせっかいをしてきた上司が突然、何も言わなくなると、部下は不安を感じます。

「自分は見捨てられたのではないか…」

「上司はさぼっているのではないか…」

そう誤解しがちです。

そこで、先の「教えない」部下育成で学んだのと同じように、事前告知をすることが大切になります。

「鈴木さん、私はこれまでおせっかいを焼きすぎました。そのことによって、鈴木さんが自ら気づく機会を奪ってきたと反省しているんです」

「鈴木さん、私はあなたが自分の力で課題を解決できると信じています。だから、これからは余計な口出しをしないようにします」

このように事前に告げておくのです。

日頃から部下との間に信頼関係を築いておくことも大事です。信頼関係があれば、部下は上司の変化を肯定的にとらえます。しかし、それがないと、ちょっとしたことで相手に疑念を感じます。すべてを悪いように取ってしまうのです。

事前告知と信頼関係。これも部下に自然の結末を体験させるために欠かせない要素です。

「論理的結末」も解決策の1つに

アドラー心理学による子育てを応用した「自然の結末を体験させる」人材育成法について論じてきましたが、まだ職場で実践するイメージがつかめない方もいるでしょう。

たとえば、営業部の組織を頭に思い浮かべてみましょう。自然の結末を体験させるとなると、数字の上がっていない営業マンをそのまま放置しておくような状態を想像するかもしれません。もちろん、成績の上がらない営業マンは、現状から何かを学ぼうとしているでしょう。しかし、上司はそれを待っているわけにはいかない。1人の数字が不足すれば、チーム全体に悪影響が及ぶからです。

そんな時はどうすればいいのでしょうか。1つの解決策は、それでも自然の結末を体験させ続けることです。叱ったり、嫌みを言うことが有効と考える人もいるかもしれませんが、私はそれが事態を好転させるとは思いません。私の体験からも悪影響の方が大きい。であるならば、イライラはしますが、正攻法でぐっと我慢し、信じて待つ。これが第1の方法です。

もう１つの解決策は、次章で学ぶ「論理的結末を体験させる」という方法です。論理的結末とは、すなわち「相手と約束を交わし、それを守る」ということです。たとえば、営業で数字を達成できない場合であれば、営業以外の職種にコンバートするといったことが具体的な方策となります。このように、様々な方法を組み合わせながら、効果的な人材育成を模索していっていただきたいと思います。この「論理的結末を体験させる」具体的な方法については、次章で詳しく取り上げます。

4 成功を増やしたいなら、失敗を増やせ

自然の結末を体験させ続けると、どうしても部下は失敗を経験する機会が増えます。すると、上司は不安になってしまいがちです。

「これ以上、失敗はさせたくない」。そんな気持ちから、再び世話焼きやおせっかいに戻ってしまいそうになるのです。

ここで１つ考えていただきたいテーマがあります。それは「失敗を減らせば、成功

は増えるのか」という根本的な問いです。

確かに理屈の上ではそうなるはずです。10のチャレンジがあり、失敗が7、成功が3だったとします。計算上は失敗を5に減らせば、成功も5となり、イーブンになるはずです。たとえば、機械を使った製造現場などは物理学の論理で動いているため、この考え方、すなわち「失敗を減らせば成功が増える」がそのまま当てはまります。

しかし、逆に仕事の種類によっては、この計算が当てはまらない場面も多々あります。たとえば、研究開発や営業などの現場では、物理学より心理学の働きが大きく、「失敗を減らせば成功も減る」のです。なぜそのようになるのか、考察してみましょう。

先の計算では、失敗を減らしてもチャレンジは減らない、つまりチャレンジは常に10であるということが前提でした。しかし、研究開発や営業の現場で失敗を減らそうとすると、心理学が作用してチャレンジ自体が減っていく。10のチャレンジではなく、8や6になるケースが多いのです。

医薬品の研究開発は昔から「センミツ」と呼ばれてきました。1000の研究のうち、実際にものになるのは3つくらいという意味です。確率にすれば0・3%になります。

同様に、営業はアプローチした顧客のすべてから受注できるわけではありません。成約率は業種や商品によって異なりますが、10件訪問して受注できるのは良くて半分。普通は3割、場合によっては1割に満たないことも珍しくないでしょう。

そんな職場で上司が「失敗するな！　確率を上げよ！」と指示を出すと、部下は萎縮します。そして、上司の意に反してチャレンジ自体を減らしていく。その結果、成功も減っていく。このようなことが現場ではよく起きているのです。

「成長曲線」を考え方の土台に

こう考えると、成功を増やすためには、失敗を減らすのではなく、むしろ増やす方が有効であることがわかります。失敗を恐れず、叱らず、よきチャレンジとして、むしろほめたたえる。そんな風土があれば、チャレンジの数が10から12、15と増えていきます。むろん失敗も増えますが、成功も増えてくる。これが仕事の原理原則だと私は思います。

このように話すと、中にはこう反論をする方がいらっしゃいます。

「だったら、チャレンジだけ増やして失敗を減らせば、もっと成功が増えるじゃないか！」

ごもっとも。私もそれがベストだと思います。しかし、そのメッセージを上司が部下に伝えたら、心理学的にはチャレンジは減る方向に向かいます。そうではなく、むしろ失敗を増やすようなメッセージを伝える。そうすると、結果として上司が望む結果に近づいていくのです。成功の絶対量だけでなく、成功率までもが上昇します。

「エクスピリアンス・カーブ（成長曲線）」という理論があります。人は経験を積むほどに習熟度が増していき、効率が二次曲線的に上昇するという理論です。チャレンジを増やし、失敗を経験するほどに、同じ仕事の効率は上がる。ですから、上司はチャレンジを増やすための行動を取るべきです。決して、失敗を減らそうとしてはいけません。

失敗を減らそうとすると、チャレンジが減り、成功も減る。失敗を増やせば、チャレンジが増え、成功も増える。この原則を覚えておくとよいでしょう。

ＰＤＣＡのサイクルを素早く回す

世の中の変化のスピードは年々速まっています。インターネットに代表される技術革新のスピード、文化が変容していくスピード。それにつれて、あらゆるビジネスの変化もますます加速していくことでしょう。そんな中で、私たちビジネスパーソンは、どのような心構えを持つべきでしょうか。

その答えは、「ＰＤＣＡのサイクルを素早く回す」に尽きます。変化が緩やかな時代、企業は各業界における勝ちパターンを踏襲し、ヒット商品を生み出せば、長く利益を上げ続けることができました。しかし、今や、そうした展開は望むべくもありません。ある企業が新商品を発売した翌月には、ライバル企業がほとんど変わらない商品をさらに安価で販売し始める。このような競争が当たり前の時代になったのです。

そうした中で、企業は外部環境の変化に素早くキャッチアップする変化対応型に生まれ変わるしか生き延びる方法はありません。ＰＬＡＮ（計画）、ＤＯ（実行）、ＣＨＥＣＫ（検証）、ＡＣＴＩＯＮ（改善の仕組み化）。このサイクルを回すスピードを上げて、試行錯誤を続けるよりほかに方法はないのです。

これを現場に落とし込むことが、すなわち先の「失敗を許容し、チャレンジを増やす」に当たります。失敗を増やすことで成功を増やす。これこそが「ＰＤＣＡサイクルを早く回す」という経営に直結するのです。

自然の結末を体験させ、部下の自主性を伸ばす。それは変化の激しい現代の組織運営に不可欠です。ミクロの視点から見ても、マクロの視点から見ても、そうした人材育成をせざるを得ない状況と言えるでしょう。

5 「信用」ではなく「信頼」を重んじる

「信用」と「信頼」の違いは何でしょうか。改まって質問をされると、なかなかすぐには答えられないのではないでしょうか。そんな時、私は次のような話をすることにしています。

まず、「信用××」と聞いて頭に浮かぶ言葉は何ですかと尋ねます。すると、多くの人は、信用金庫、信用取引、信用調査などと答えます。こうして見ると、信用という言葉には金融にまつわる言葉が多いことがわかるでしょう。

そして次に、これらの言葉の「信用」の部分を「信頼」に置き換えてみます。信頼金庫、信頼取引、信頼調査…。いかがでしょうか。違和感を覚えませんか。実は、この違和感にこそ、信用と信頼の違いが隠れています。

信用取引は裏付けに担保を取ったうえで行われる取引です。その担保とは、不動産や株券などの資産であったり、勤務先が大企業であるといった支払能力であったりします。

信用調査とは、取引を開始する前に相手の情報を調べることです。預貯金はいくらあるか。不動産などの資産をどれくらい持っているか。勤務先はどこか。これらの点を詳しく調べるのです。

こういった言葉の意味を考えると、信用とは「裏付けとなる担保と引き替えに相手を信じること」と言い換えることができます。

では、いったい「信頼」とは何なのでしょう？「信用」と何が違うのでしょうか。

“担保”がなくても相手を信じる

「信用」は、裏付けとなる担保があれば信じる、なければ信じないという考え方です。一方で、「信頼」は、裏付けなしで相手を信じることです。

何の担保も条件もなく、相手を信じる。裏切られる可能性があっても相手を信じる。それが信頼です。「部下を信頼する」ということは、並大抵のことではないのです。1回や2回、期待が外れたからといって、信じるのをやめるのは、信頼ではなく信用の世界です。信頼という言葉には、それほどの重みがあります。

「ほめない」「叱らない」「教えない」部下育成は、信用ではなく信頼がベースです。つまり、何度裏切られても、当てが外れても信じることをやめない。それがベースになければ、この部下育成はできません。

私が敬愛する、教育学者にして哲学者の森信三先生は、教育に関して以下のような言葉を残しています。

「教育とは、流れる水に文字を書くようなはかない仕事です。しかし、それをあたかも岸壁にノミで刻みつけるほどの真剣さで取り組まなければなりません」

これこそがまさに、人を信頼するということにほかなりません。「人を育てる」ということは人を信頼することなのです。

ピグマリオン効果とゴーレム効果

「ピグマリオン効果」と「ゴーレム効果」という言葉があります。ピグマリオン効果とは「相手にポジティブな期待をすると、その期待が実現する」というものです。ゴーレム効果は逆に「相手にネガティブな期待をすると、その期待が実現する」と考えます。いずれにせよ、人は相手から期待されると、それに応えようとする。そのような心理学的な効果をピグマリオン効果、ゴーレム効果と呼ぶのです。

ピグマリオン効果は、１９６４年に米ハーバード大学のロバート・ローゼンタール教授が行ったダブルブラインド実験により明らかになりました。その実験は以下のようなものです。

担任の教師に、校長先生が嘘の情報を伝えます。「特別なテストの結果により、生徒Ａと生徒Ｂの２人は非常に知能が高いことがわかった。この２人の成績は必ずアップするはずだ」。すると、この情報を信じた担任の教師は、生徒Aと生徒Bに大きな期待をかけるようになります。「君ならできるに違いない」。その期待が彼らに伝わり、2人の成績は1年後に飛躍的に向上しました。これがピグマリオン効果です。

「ほめない」「叱らない」「教えない」部下育成の前提となる「信頼」は、まさにこのピグマリオン効果と同じこと。「あなたなら、きっとやり遂げられる」。何の裏付けも、担保も求めずに、無条件に部下を信じるのです。

そして、裏切られても、期待外れに終わっても、さらに信頼し続ける。やがて、部下がそれに応えようと努力を始めます。すると、ある時、部下が見事に期待に応える。ピグマリオン効果の実験と同じことが起きるのです。

第５章

「論理的結末」を体験させる

1 食事の時間に遅れて来たら…

あなたの息子がいつも夕食に遅れて来るとしましょう。両親そして兄弟が6時に食卓について待っています。しかし、一番下の息子は10分経っても20分経っても、姿を現しません。母親はカリカリと怒っています。

「もう、ガマンできない。先に食事を始めましょう」

そして、家族が食事を終えた10分後に、ようやく息子が家に帰ってきました。

「ただいまー。お腹空いた」

母親が子どもを叱りつけます。

「何度言ったらわかるの。みんな、あなたのことをずっと待っていたのよ。あなたが遅れると、お母さんは料理を温め直さなくちゃならないから二度手間になる。みんなに悪いと思わないの」

「はーい。ごめんなさーい」

息子は口とは裏腹に、全く反省しているようには見えません。母親は再び子どもに説教をします。

「ほんとにもう！　人の話を聞いてないんだから。だいたいあなたはいつもそう。人の迷惑を全然考えてないのよ！」

しかし、当の息子に気にする様子はありません。そして、母親が温め直した料理を平らげると、さっさとリビングに移動し、テレビを見始めました。

そして、次の日も同じ光景が行動が繰り返されます。

「何度言ったらわかるの？　6時にはテーブルにつきなさいって言ってるでしょ！」

母親は途方に暮れています。どうすればいいのか、対処法がわからないのです。

さて、質問です。この子をしつけるにはどうすればいいのでしょうか。前章でお話しした「自然の結末を体験させる」方法では、時間を守るようになるとは思えません。

他に何かよい方法はあるでしょうか。

事前に約束し、学びを見守る

こんな時は「論理的結末を体験させる」ことが有効であると、アドラー心理学では考えます。論理的結末とは「事前に約束をし、それを守る。それにより、相手が学ぶことを見守る」というものです。

このケースで言うならば、母親は子どもと事前にこう約束をするのです。

「夕方6時までに帰ってきてくれるかな。もし6時までに帰ってこられなければ、夕飯はなしよ。それでいい？」

この提案に子どもが同意したならば、それで約束は成立です。そして、実際に子どもが遅刻したら、食事を出さなければいいのです。

「あら、お帰りなさい。残念ね。約束だから夕食は出せないわ」

そうサラリと言えばいいのです。

子どもは驚くでしょう。なぜなら、それまでは約束を破っても食事を出してもらえたからです。まさか、本当に食事を出さないとは…。驚いた息子は駄々をこね始めます。

「ええー、そんなあー。お腹すいたよ〜、ご飯食べたいよ〜」

しかし、母親は冷静な対応を続けます。

「あらまあ、残念ねえ。明日は時間通りに帰ってきてね」

恐らく息子は翌日、約束を守るでしょう。6時に帰ってこなければ食事を出してもらえない。それが口先だけでなく、本当であることを身をもって知らされたからです。まさに「体験から学ぶ」。母親が毅然とした態度を取ることで、子どもは結末から学ぶことになったのです。子どもは自分の意思で決断し、時間を守ることを覚えました。自分の力で課題を解決できるようになったのです。

「甘やかし」から子どもは何を学ぶか

「論理的結末を体験させる」ケースとして、この夕食の約束の話を紹介したところ、ある若い母親が私に質問してくれました。

「小倉さん、理屈ではよくわかります。でも、目の前で子どもに泣かれてしまったら、私は耐えられません。恐らく食事を出してしまうでしょう。最初の1回、2回は、大目に見てあげてはいけないのでしょうか」

子を思う母親の気持ちが伝わってきます。しかし、大目に見ることが果たしていいことなのか。そこをはっきりさせるために、私は女性にこのように質問しました。

「なるほど、1回だけ大目に見るのですね。わかりました。では、伺います。もし、あなたが1回だけと大目に見て、食事を出してあげたとしましょう。その時に、子どもはその体験を通じて何を学ぶでしょうか」

すると、その女性は「はっ」とした表情を浮かべ、その後、視線を下に落としてじっと考え込みました。そして、このように答えました。

「…たぶん、子どもは『約束を破っても、泣けば許してもらえる』『駄々をこねれば許してもらえる』と学ぶでしょう」

私はさらに質問を重ねました。

「それは、あなたが望むことでしょうか。『約束を破っても、泣けば許してもらえる』。あなたの子どもにそのように学んでほしいと思いますか」

その女性はハッキリと言いました。

「いいえ、そのように学んでほしくはありません。だからこそ、親は子どもに毅然と対峙しなくてはならないのですね。甘やかすことは子どものためにならない。それがよくわかりました」

「自然の結末を体験させる」だけではこのようなしつけはできません。それに加えて

「論理的結末を体験させる」方法を加えることで、教育がより現実的になるのです。それは職場における人材育成でも同じこと。「論理的結末を体験させる」という選択肢を持つことで、上司はそれまで以上に効果的に部下を育てられるようになります。

2 嫌みや叱責は「罰」になる

論理的結末を体験させる際に、気をつけておきたいことがあります。それは、絶対にネチネチ嫌みを言ったり、叱ったりしてはいけないということです。

前にお話しした通り、「ほめない」「叱らない」「教えない」人材育成の前提となるのは「相互尊敬」「相互信頼」です。子どもや部下は、決して「格下」ではありません。あくまでも人として「対等」な存在。だからこそ、嫌みを言ったり、叱ることは御法度なのです。

では、嫌みを言ったり、叱ったりすると、論理的結末は体験した者にどのように作用するのでしょうか。アドラー心理学では「論理的結末が『罰』であると誤解され、信頼関係が崩れてしまう」と考えます。つまり、本来の効果は得られず、むしろ関係が悪化してしまうと考えるのです。

具体的な場面を想定してみると、わかりやすいでしょう。もう一度、「夕食の時間に遅れる子ども」のケースで検証します。まずは嫌みを言ったり、叱ったりしない場合を見てみましょう。

「ただいま〜。お母さん、お腹空いた、ご飯は？」

「あら、お帰りなさい。ご飯はもう終わったわよ。残念だけど、約束だから今日のご飯は出せないわ」

「えっ？ だって、お腹ぺこぺこだよ。食べたいよー、作ってよ」

「残念ね。また明日」

「本当に出してくれないの…」

母親の毅然とした態度に息子は驚き、そして何かを深く感じ取ります。

一方で、嫌みを言ったり、叱ったりする場合はどうでしょうか。

「ただいま〜。お母さん、お腹空いた、ご飯は？」

「こら！ またこんなに遅くなって。あなた、みんなに迷惑をかけているのがわからないの。本当にこの子は…」

「わかってるよ。うるさいなあ。いいから早くご飯出してよ。お腹ぺこぺこだよ」

「あなたみたいな悪い子にはご飯は出せません！」

「ひどい！ご飯を出さないなんて、そんなのあり得ないよ！出してよ！」

「ダメ！出さないと言ったら出しません！そう約束したじゃない」

「まさか本気だとは思わなかったんだよ。ひどいよ。こんなの虐待だよ」

それ以来、子どもは母親と口をきかなくなってしまいました。どうやら、母を恨み、根に持っているようです。論理的結末を体験させるつもりが、全くうまくいかなかったのは間違いありません。

「気づかせる」は支配する側の発想

結末を体験させるのは「相手に気づかせる」ためではありません。相手を尊重し、「気づく機会を邪魔しない」ようにすることが目的です。この2つは似ているようで全く異なります。「相手に気づかせる」はコントロールであり、支配です。一方で

「気づく機会を邪魔しない」はリスペクトであり、尊重です。

結末を体験させようとして失敗するのは、このベースを勘違いしてしまうからです。相手に気づかせることを目的にすると、嫌みを言ったり、叱ったりという態度を取りがちです。しかし、相手が気づく機会を邪魔しないと明確に意識していれば、決してそうした対応にはならないでしょう。嫌みや叱責に至るのは根本が間違っているからです。

では、相互尊敬、相互信頼を踏まえた対応とは、どのようなものでしょうか。

・明るくさっぱり話す
・短く話す
・「私も残念だよ」と共感を示す

これだけに限るわけではありませんが、嫌みとは全く異なるコミュニケーションになるはずです。

結末を体験させる場合には、くれぐれも「罰を与えられている」と相手に誤解されないように注意したいものです。

明るく、カラリと部下に接する

ネチネチ、ガミガミが「罰」になるのは、上司、部下の間でも同じです。

「ほら、見たことか。やっぱり失敗しただろう。だから、いつも言っているんだ。たまには私の言うことを聞いたらどうだ」

上司からこのように言われた部下は、子どもと同じ反応をすることでしょう。つまり、上司から「罰」を与えられていると感じるのです。そして、上司と部下の信頼関係は壊れてしまいます。信頼関係を壊した後で、相手を支援しようと思ってもうまくいかないのは、当然の帰結です。

そうではなく、失敗した部下に対して上司は、「明るく」「カラリと」「短い言葉で」「私も残念だよ」と付け加えるのです。

「残念だったね。次、頑張ろうね」

この言葉によって部下は自分の頭で考え始めます。同じ失敗をしないためにどうすればいいか、と。

論理的結末を体験させる際に上司が気をつけなければならないのは、明るく、カラりと伝えることです。

3 関連のない結末も「罰」になる

「夕方6時までに帰ってこなければ、食事を出さない」

こうした約束は、論理的結末を体験させる典型的なケースです。

では、「夕方6時までに帰ってこなければ、部屋の掃除を1人でさせる」という約束を提示した場合、子どもの受け止め方はどう変わるでしょうか。

恐らく、「掃除をさせる」と言うと、子どもはそれが「罰」であると受け止めることでしょう。では、「食事を出さない」という結末と「部屋の掃除をさせる」という結末は、そもそも何が違うのでしょうか。

子どもが夕食の時間に遅れると、食事の支度と後片付けが二度手間になります。その手間をなくすために、「遅れてきたら食事を出さない」とすることには合理性があり、子どもも納得せざるを得ない対策と言えるでしょう。

しかし、部屋の掃除をさせるのは、食事に関わる手間とは一切関係がありません。だから、結末に合理性がなく、子どもにとっての納得性も低くなります。そして、子どもは自分を懲らしめるための罰であるととらえるのです。

論理的結末を体験させる場合、その結末は合理的である必要があります。気をつけなければならないポイントです。

ミスが多い社員に体験させる結末とは

これを職場に当てはめると、どのようになるでしょうか。仕事でミスが多い部下に論理的結末を体験させる場合を例に考えてみましょう。

まず、やってはいけない「結末」とは、以下のようなものです。

・ミスをしたら、オフィスの掃除をさせる
・ミスをしたら、電話番をさせる
・ミスをしたら、休日出社の当番にする

これらの結末はミスとの間に関連性がない。つまり、合理的な結末とは言えません。

だから、これらは罰になります。

では、逆に合理性がある「結末」とはどのようなものでしょうか。

・ミスがないと確認できるまで、帰宅してはいけない

・ミスをしたら、その原因と再発防止策のレポートを書いてもらう

・ミスが繰り返される場合、仕事の担当を替わってもらう

これらはミスとの間に関連性があり、合理的であるため、部下が罰を与えられたと感じる可能性は低いでしょう。このように結末の設定は合理性を重視し、部下が納得できるものにしなくてはいけません。そうでなければ、育成効果はなくなってしまいます。

4 「担当替え」という論理的結末

かつてコンサルティング会社を経営していた私は、ある重要な顧客との契約が決定した後、「どのスタッフを担当につけるか」で頭を悩ませていました。

中小企業の多くがそうであるように、私の会社も人材にゆとりがあるわけではありませんでした。候補となるコンサルタントは、誰もが帯に短し、たすきに長し。一長一短があるため、なかなか決めることができませんでした。いろいろと考えた末に、私は「この際、あえて経験の少ない若手のAさんを担当につけ、仕事を通じての成長を期待しよう」と決断しました。やる気と成長可能性に賭けたわけです。

しかし、このAさんには1つ明確な欠点がありました。それは「大きなポカミスをしてしまう」ということです。仕事に取り組む姿勢がよく、ポテンシャルも高かったのですが、ミスが時に致命傷になることもあり、重要な顧客を任せることができませんでした。

そこで、私はまず「自然の結末を体験させる」ことにしました。失敗してもいい。そこから学んでくれればいい。そう考えて任せることにしたのです。しかし…。

Aさんの悪いクセは、やはりここでも出てきてしまいました。重要な顧客であるにもかかわらず、相変わらずのポカミスを何度も繰り返すのです。やがて、顧客からクレームが入りました。「このままでは、契約を見直さなくてはならない。しっかり監督してくれ」と言われてしまったのです。

そこで、私はAさんと話し合いの機会を持ち、こう伝えました。「このままでは契約が破棄される可能性が高い。Aさんは元来実力があるのだから、ポカミスだけは気をつけてほしい。私もチェックに協力するから何とか乗り切ろう」。

そして、同時に「論理的結末を体験させる」ことも告げました。「もし、またミスが繰り返されるようであれば、担当を替わってもらうことになるが、それでもいいだろうか」と確認したのです。

Aさんは、自分のミスが会社や顧客に大きな迷惑をかけていることをきちんと理解していました。そして、私の申し出に同意してくれました。「これ以上、迷惑をおかけしないよう全力を尽くします」。そう約束してくれたのです。

罰にならない配慮が重要

その後、しばらくは問題なく業務をこなしたAさんですが、やがてまた以前のようにミスを繰り返すようになってしまいました。顧客からもクレームが再び入りました。私は「論理的結末を体験させるタイミングである」と判断し、Aさんにそれを伝えることにしました。

そこで気をつけたのは「明るく」「カラリと」「短い言葉で」「相手に共感し、残念であることを伝える」ということです。私はこう切り出しました。

「Aさん、また顧客からクレームが来てしまったね。約束だから、担当を替わってもらいます。残念ですが、Aさんには他の仕事で頑張ってもらいたいと思います。これまでありがとう」

そして、Aさんには、他のプロジェクトにアシスタントとして参加してもらうことにしました。

アドラー心理学における子育ての技術「論理的結末を体験させる」をビジネスで生かす場合、このケースのように「役割、担当の変更」を約束することが1つの方法となるでしょう。もし、約束を守れなければ担当を替わってもらうのです。

顧客との接点で仕事をしている場合は、担当する顧客を替わってもらう。もしくは、顧客とは離れた事務職などの役割に回ってもらうことが必要かもしれません。

いずれにせよ、論理的結末が罰にならないよう、伝え方には注意が要ります。そして、一度や二度の失敗ですぐに仕事を取り上げることにならないよう、辛抱強く待たなければなりません。可能であれば、Aさんの例のように、自然の結末をしばらく体験させた後で、論理的結末を体験させるのがいいでしょう。

「片道切符」にせず、やり直しの事例を作る

論理的結末で担当替えを行う際には、罰であると誤解されないための注意が必要ですが、同じことが繰り返されれば、やはりいずれは罰と受け止められることになるでしょう。

そこで大切になってくるのは、担当替えや役割変更を「片道切符」にしないことです。つまり、やり直しのチャンスを与えること。そして、実際に、やり直しに成功した事例をたくさん作ることが大事です。いくら「残念だね。また頑張ろうね」と言ったところで、現実にやり直した事例がなければ嘘っぽく聞こえるからです。

「論理的結末を体験させる担当替え」が、部下育成の手段として「相互尊敬」「相互信頼」の下に用いられているとしたら、やり直しの成功事例は自然に生まれてくることでしょう。そうすれば、部下は担当替えが決して左遷や懲罰的な降格ではないと認

識するはずです。

その意味でも、上司は担当替えをした後のフォローをしっかりやっていかなければなりません。積極的にフォローすることで、やり直しの成功事例を生まれやすくする。捲土重来を後押しするのです。そうすれば、論理的結末としての担当替えはうまく機能するようになるでしょう。

5 「人事考課に反映させる」という論理的結末

論理的結末を部下育成に活用するもう1つの方法は人事考課です。「事前に約束し、それを実行する」という考え方は人事考課のベースになる「目標管理制度」の運用そのものとも言えます。

目標管理制度で最初に行うのは、上司と部下で目標を定めることです。これが論理的結末を体験させる際の「約束」になります。先の子どもの例で言うならば、「夕方6時までに帰宅する。もし、遅れたら夕食を出さない」という取り決めがこれに該当します。

人事評価に置き換えると、「目標を達成すれば高い点数をつけ、昇進・昇格のチャンスを増やすとともに、給料を上げる」という約束が必要ということになります。約束にはもちろん負の側面もあります。仮に目標未達に終わった時は「低い考課点がつき、昇進・昇格は遠のき、給料は上がらない」。そして、場合によっては「降格や降給もあり得る」。それが人事制度というものです。

これまで述べてきた原則に基づき、人事制度を中立的に運用することで、部下に論理的結末を体験させることができます。つまり、約束が果たせなかった時は、淡々と低い点数をつけて、本人の気づきを待つのです。その際にネチネチ、ガミガミ言うことが御法度であることは、何度もお話ししてきた通りです。

人事制度の整備は人材育成に不可欠

コンサルタントとして数多くの企業で組織作りのお手伝いをしてきた私は、人事制度の大切さを常に訴え続けてきました。なぜなら、人事制度こそが論理的結末を体験させる人材育成、すなわち「教えない」「ほめない」「叱らない」人材育成の基盤になるからです。

考えてみてください。もし、目標管理などの人事制度がなければ、論理的結末を体験させる方法は1つ減ってしまいます。人事考課や昇進・昇格、昇給などの論理的結末を設定することができないからです。

もし、人事制度が何1つない中で論理的結末を体験させようとするならば、部下との約束事をその都度作っていかなければなりません。

「この約束を守れなかったら、給与を下げるよ」

「この目標を果たせなかったら、昇格はお預けだ」

このように約束を適宜作ることになるのです。

しかし、このやり方には多くの問題があります。部下と約束するたびに条件を定めるのは、相手から見たら「賞罰」としか思えません。そして、条件の設定はきわめて恣意的、私的に見えるでしょう。そのため、論理的結末を体験させることは事実上不可能になる。手段が1つ減るのです。

体系化された人事制度があれば、それを使って論理的結末を体験させることができます。その意味からも、人材育成において人事制度は不可欠と言えるのです。

フィードバック面談で「ダメ出し」は厳禁

人事制度を活用して論理的結末を体験させる時は、これまで学んできたやり方を総動員しなくてはなりません。少しやり方を間違えただけで、それは部下への罰になってしまうからです。

たとえば、人事考課の結果を部下にフィードバックする面談で伝え方を間違うと、それは罰になってしまいます。そうならないように、ネチネチ、ガミガミを避け、明るくカラリと、短い言葉で伝えなければなりません。

また「負の注目」をなるべく避けて、「正の注目」を与える勇気づけも大切です。多くの上司はフィードバック面談において、ついつい「負の注目」ばかりをして、ダメ出し一辺倒になりがちです。そうではなく、たとえ70点であっても、40点であっても、まずはできている部分を評価するのがよいでしょう。

また、その際は上から目線の「ほめる」ではなく、横から目線の「勇気づけ」が有効です。部下の貢献を認め、「ありがとう。助かっているよ」と感謝を伝える。もしくは「とても誠実に対応しているね」などと主観を伝えることが大切です。

できていないことを伝える場合も、ダメ出しはやめましょう。そうではなく、「こうするともっとよくなるね」とポジティブに伝えるのです。

また、いきなり上司が答えを言うのではなく、質問で部下の意思を引き出しましょう。それでも出てこなければ、「リソースの質問」を投げかけ、ヒントを与えるのです。

「誘い水」が必要なケースもあるかもしれません。命令をしてはいけませんが、時には上司自身の過去の経験や、他者の成功事例などを伝え、「こんなやり方はどうかな」と提案してみてもいいでしょう。その際には「私は××と思う」というような「アイ・メッセージ」を多用し、「ホワイトスペース」を作り出すことが鉄則です。

これらの取り組みがうまくいき、ポツリ、ポツリと部下が意見を出し始めたら、しめたもの。「出ては引く」で、すぐに「支援応需」に戻ることが必要です。

このように、これまで学んできた様々なコミュニケーションの技術を用いるのです。

それにより、単なる人事考課のフィードバックが、論理的結末を体験させる場へと変わり、部下を勇気づけて主体性を育むことができるようになるのです。

人事制度をうまく活用することで、「ほめない」「叱らない」「教えない」部下育成が可能になります。

第６章

課題を分離し
境界線を引く

1 人間関係の基本は「境界線を引くこと」

以下のような場面を想像してみてください。あなたが外出先からマンションの自分の部屋に戻ると、友人がかばんの中からあなたの携帯電話を勝手に取り出して、メールを盗み見していました。その時、あなたはどのような気持ちになるでしょうか。

「勝手に見るな！　人の携帯を見るなんて、なんて失礼なヤツだ！」

このように怒りを覚えることでしょう。それは当然です。

「親しき仲にも礼儀あり」

家族や友人など、いかに親しい関係にあったとしても、人と人の間には適度な距離が必要です。そして、人は相手のプライバシーに踏み込んではいけません。

人と人の間にある境目を心理学では「境界線」と呼びます。この境界線は、国と国なら国境線、家と家なら垣根に当たります。私たちは国境や垣根を無断で越えてはいけないことを知っています。

しかし、それが個人の人間関係になると、途端に曖昧なものになります。

「境界線」を越えてはならない

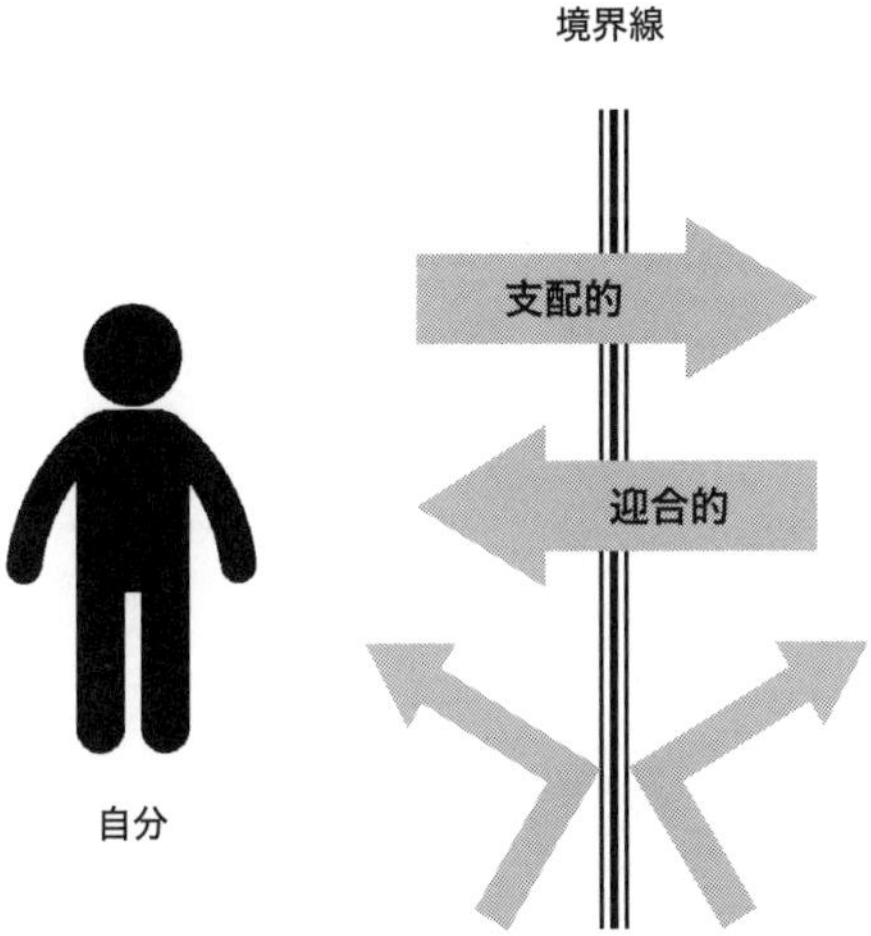

たとえば、あなたが家族との間で深刻な悩みを抱えているとします。その悩みは他人には理解できるはずのないもの。しかし、友人はそこに土足で踏み込んできました。

「それはあなたが悪い。あなたが謝るべきだ」

「そんなことは気にしないでさっさと忘れなさい」

また、私たちは自ら境界線を越えて、他人に余計なおせっかいを焼いてしまうこともあります。相手に境界線を踏み越えられる場合もあれば、自分から踏み越えてしまう場合もあるのです。

しかし、境界線は常に守られなければなりません。境界線を踏み越えて相手の課題に踏み込まないこと。そして、相手が境界線を踏み越えてきた場合は、それを許さず、はっきりとNOと言うことが大切です。

あらゆる人間関係トラブルの根源

これまで皆さんと共に学んできたアドラー心理学では、このことを「課題の分離」と呼び、人間関係の基礎であると考えます。あらゆる人間関係のトラブルは課題の分離ができていないことから起きるのです。

親が境界線を越えて、子どもの課題に土足で踏み込む。妻が境界線を越えて、夫の課題に土足で踏み込む。上司が境界線を越えて、部下の課題に土足で踏み込む――。人間関係はそれが原因で壊れてしまうのです。

たとえば、以下のようなケースはすべて課題の分離ができていないことによる人間関係のトラブルです。

・母親が子どもに「勉強しなさい」と強制する。子どもは勉強したくないと反発する。
↓勉強するかしないかは子どもの課題。親が子どもの課題に土足で踏み込んでいる。
・妻が夫に「洋服の趣味が悪い」と言い、服を買い換えるよう伝える。
↓どのような服を着るかは夫の課題。妻が夫の課題に土足で踏み込んでいる。
・病院からもらったクスリを飲まない母親を叱りつけ、息子がクスリを飲ませようとする。
↓クスリを飲むか飲まないかは母親の課題。息子が母親の課題に土足で踏み込んでいる。

・上司が要領の悪い部下の仕事ぶりを見て、やり方を変えるよう強制する。
↓どのような方法を選ぶかは部下の課題。上司が部下の課題に土足で踏み込んでいる。

このように、課題の分離ができていないケースは枚挙に暇がありません。しかも、相手の課題に土足で踏み込んでいる方も、踏み込まれている方も共に罪の意識はありません。やがて、両者は関係がうまくいかないことにイライラし始めます。何かがおかしい。そう感じるのです。しかし、その原因が課題の分離にあることには気づきません。「相手の課題に踏み込んではいけない」という原則を知らない人がほとんどだからです。

本書が提唱する「ほめない」「叱らない」「教えない」部下育成は、まさに課題の分離から発想された方法です。課題の分離は相互尊敬、相互信頼の前提と位置づけられます。

「課題の分離」は冷たい考え方か

課題の分離の考え方をお伝えすると、必ずいただく質問があります。それは前にも触れた「相手に対して冷たいのではないか」という疑問です。課題の分離により、相手の課題に踏み込まないことが「無関心」と同じであるかのように受け止められるのです。

しかし、それは違います。これまで繰り返し学んできた通り、課題の分離は相互尊敬、相互信頼に基づいて相手を見守ることです。

「あなたなら、きっと自分の力で正しい判断をすることができる」

「あなたなら、もし失敗したとしてもそこから何かを学び、修正できるに違いない」

このような期待と信頼があるからこそ、あえて人間関係を壊してしまうような過分な介入を行わないということなのです。

もちろん、課題を分離するというのは、一言も意見を言わないことではありません。アイ・メッセージを活用し、境界線を踏み越えない範囲で自分の意見を表明すればよいのです。先のトラブルの例では、次のようなアイ・メッセージでの意見表明が考えられます。

母親が子どもに「勉強しなさい」と強制する。子どもは勉強したくないと反発する。
↓母親のアイ・メッセージ「あなたが勉強の楽しさに気づいてくれるとお母さんはうれしいな（けれど、するかしないかを決めるのはあなたよ）」

・妻が夫に「洋服の趣味が悪い」と言い、服を買い換えるよう伝える。
↓妻のアイ・メッセージ「私はあなたにはこのような服が似合うと思うの。私はこういう色使いが好きだな（けれど、どの洋服を選ぶかを決めるのはあなたよ）」

・病院からもらったクスリを飲まない母親を叱りつけ、息子がクスリを飲ませようとする。
↓息子のアイ・メッセージ「私はお母さんに長生きをしてもらいたい。だからきちんとクスリを飲んでほしいんだ（けれど、飲むか飲まないかを決めるのはあなたです）」

・上司が要領の悪い部下の仕事ぶりを見て、やり方を変えるよう指導する。
↓上司のアイ・メッセージ「私は以前このようなやり方をして非常に効率が上がっ

た。参考になればいいな（けれど、この方法を採用するかどうかを決めるのはあなたです）」

このように、過度に相手に踏み込まずに意見を中立的に主張することを「アサーティブなコミュニケーション」と呼びます。境界線を越えて相手の課題に土足で踏み込むわけではなく、かといって無関心や冷酷でもない。適切な関係性とコミュニケーションの姿をイメージしていただけたでしょうか。

2 「結末を引き受けるのは誰か」を考える

「課題の分離」で考えると、勉強をするかしないかを決めるのは子ども自身であるということになります。つまり、それは子どもの課題であって、親の課題ではない。だから、親は子どもに勉強を強制してはならない。アドラー心理学は親子関係のあり方をこう教えます。

しかし、子どもが勉強をしないことで、親はイライラした気持ちになります。その時、イライラするのは親の課題です。

本来、子どもの課題であるはずのことが気になって仕方がない。子どもをコントロールしたくなり、子どもの考え方を変えたいと思う。それでイライラする。だから、親は「我が子を信じて、イライラしないようにする」という自分自身の課題に向き合う必要があります。

では、「それは誰の課題か？」を明らかにするためには、どうすればいいのでしょうか。答えはとても簡単です。

「その課題の結末を引き受けるのは誰か？」

そう問えばいいのです。先の例で言うなら、勉強しないことで将来の選択肢が狭まり、困るのは子ども自身であり、親ではありません。宿題をせずに先生に叱られるという結末を引き受けるのも、勉強をしない子どもにほかなりません。

「その課題の結末を引き受けるのは誰か？」と自問することで、他人の課題に土足で踏み込むことが減るでしょう。そして、人間関係を壊さずに適切な距離感で人と接することができるようになるのです。

子どもが勉強しないと、なぜイライラするのか

さて、子どもが勉強しないと、親はなぜイライラするのでしょうか。考えられる理由として、以下のようなことが挙げられるでしょう。

・「いい学校に進学した方がよい人生を歩める」ということを子どもに理解させたいと思うから
・「自分がした苦労を子どもにはさせたくない」と思うから
・「子どもは正しい判断ができない。だから、代わりに親が判断すべき」と思うから
・「子どもがいい学校に進学しないと私が恥をかく」と思うから

これらに共通する考え方は、「私は正しい」「あなたは間違っている」という縦の関係です。アドラー心理学では「縦の関係である限り、人間関係はうまくいかない」と考えます。そうではなく、横の関係で接するのです。

横の関係とは「正しい」「正しくない」という文脈ではなく、「建設的か」「非建設的か」というとらえ方を指します。そして、建設的な方向を向きつつ、相互尊敬、相互信頼に基づいた互恵的な人間関係を目指します。子どもや部下が自分の力で課題を解決できるようになる。それを支援し、邪魔しない。相手を勇気づける。それが横の関係です。

「勉強しなさい」と叱責するなど、子どもの課題に親が土足で踏み込むことは、相互尊敬、相互信頼の観点から非建設的であると考えられます。子どもが自分の力で課題を解決できるよう、能力開発を支援し、勇気づけるという点からも、同じように非建設的であると言わざるを得ません。これは職場での人材育成にも、そのまま当てはめられます。

私たちは人とのコミュニケーションに関して、常に以下の自問を続けることが大切です。

「このコミュニケーションは相互尊敬、相互信頼に基づく人間関係という点から見て、建設的だろうか」

「このコミュニケーションは相手の能力開発を支援し、勇気づけるという点から見て、建設的だろうか」

このように考えれば、自らの課題であるイライラは少しずつ解消していくことでしょう。そのイライラの向かう先は決して建設的なものではないからです。

「迎合」も「支配」と同様に不健全

「課題の分離」ができていない例として、相手の課題に土足で踏み込む支配的な関係があるとお伝えしてきました。しかし、支配される側、相手にＮＯと言えない側にも問題があります。相手に「迎合」していることになるからです。

「支配」と「迎合」は境界線を越える矢印の向きが逆さまです。支配は自分から境界線を越えて相手の課題に踏み込みます。一方、迎合は相手が境界線を越えて踏み込んできたことを自ら許している状態です。そして、そのいずれもが、課題の分離ができていない状況と言えます。

では、迎合とは具体的にどういう状況か。ケースを基に見ていきましょう。

あなたは恋人と数年の交際の末、結婚をしようと決心しました。そこで、両親に報告したところ、思わぬ反対に遭ってしまいました。「そんな人との結婚は許しません。もし、結婚するなら、親子の縁を切る」とまで言われたのです。

あなたは驚き、そして憤慨します。そして、何とか親の許可をもらおうと必死に説得を試みました。しかし、親は全く聞く耳を持ちません。

結局、あなたは結婚を延期することにしました。親を悲しませたくない。そう思い、泣く泣くあきらめたのです。あなたはそれ以来、親を恨むようになりました……。

このケースにおける「あなた」の行動は典型的な迎合であると言えるでしょう。つまり、境界線が引けず、課題の分離ができていないのです。

あなたが誰と結婚をするかは、あなたの課題であって親の課題ではありません。境界線を越えてあなたの課題に土足に踏み込んでいるのは両親です。そんな時、あなたは毅然としてNOと言うべきでしょう。しかし、それができないとすれば、あなた自身が境界線を越えての侵入を許していることになります。つまり、迎合によって課題の分離ができていないということになるのです。

また、あなたの結婚に対してどのような意見を持つかは「親の課題」です。その意見を変えようと説得することは、親の課題に土足で踏み込む支配を試みていることになります。そうした意味で、あなたは二重に課題を分離ができていないことになります。もし、課題の分離ができていたならば、明るくカラリと笑って両親にこう告げることができるでしょう。

「理解してもらえなくて残念です。でも、私はこの人と結婚します。理解してもらえたら、とてもうれしいのだけれど」

親の意見を変えようと、支配的に説得をすることはしないはずです。これこそが課題の分離ができている健全な関係なのです。

3 「感情」に関しても課題を分離する

課題の分離は「誰がそれを決めるべきか」という「責任」だけに関わるものではありません。それは「感情」においても同じこと。つまり、相手の感情を変えようと支配してはならず、また同様に、支配に対して迎合してはならないということです。それぞれについて見てみましょう。

あなたが仕事やプライベートでたくさんの問題を抱えているとします。そして、気分は落ち込み、とても何かを楽しめる状況にはなかったとしましょう。そんな時、あなたと共に暮らすパートナーが呑気にテレビを見ながら大笑いし、あなたに対して「この番組めちゃくちゃおもしろいね！」と明るく声をかけてきました。

「私がこんなに苦しんでいるのに、呑気に笑い転げて…。私の苦労が全くわかってない！」。あなたの心の中に怒りの感情がわき起こってきました。そして、パートナーの呼びかけに「ふん！」と無視をして横を向きました。パートナーは「どうしたの？」と不思議な表情をしています。

この場合のあなたは、まさに感情に関する課題の分離ができていません。自分の感情と同じ感情を相手に求める。それは不健全な人間関係です。人はそれぞれ異なる感情を持ってしかるべきです。同じ環境に身を置いていても感じ方は千差万別。ですから、相手の感情を変えようとしてはいけないのです。

このケースを職場に当てはめると、どうなるでしょうか。たとえば、営業の目標数値の達成率が低いままで、気になって仕方がない上司がいたとしましょう。一方、部下は数字が厳しいことをわかっているのに、のんびりとランチを楽しみ、おしゃべりをしています。当然、上司のイライラは募ります。しかし、いくら上司だからといって、ここで部下の感情を変えることはできません。それをしようとすると、人間関係がおかしくなります。上司、部下の関係であったとしても、相手と自分の感情は分離しなければならない。それが感情における課題の分離ということなのです。

陰口を言われても気にしない

もう1つケースを見てみましょう。あなたと職場で仲のよいAさんの態度が急によそよそしくなりました。以前なら休憩時間に一緒に食事をしたり、おしゃべりをする間柄だったのに、なぜか自分を避けているようです。

そして、あなたは、あなたとあまり仲がよくないXさんとAさんが、2人で楽しそうに話しているのを見ました。2人はあなたを見つけると、黙り込み、話題を変えたようです。そして、あなたが通り過ぎると、ひそひそと噂話を始めました。

あなたは「すべての謎が解けた」と思います。XさんがAさんにあなたに関するよからぬ風評を吹き込んでいるに違いありません。そうでなければ、Aさんが手のひらを返したように態度を変えることは考えられないからです。あなたはこのことが気になって仕方がありません。

どうすればいいのか…。Aさんに「Xさんの話は嘘だ」と伝えたらいいだろうか…。それとも、Xさんに「変な噂をばらまくのはやめてくれ！」と言うべきか…。しかし、どこにも証拠はありません。あなたは仕事も手につかないほどの精神状態に追い込まれてしまいました。

このケースもまた感情における課題の分離ができていない典型例です。この場合、あなたはAさんの感情やXさんの感情を変えようと必死になっています。しかし、それこそ、相手の課題に土足で踏み込む行為そのものです。

噂話を信じるかどうかはAさんとXさんの課題です。あなたの課題ではありません。また、それにより、あなたが嫌われたとしても気にする必要はありません。あなたを好きになるか嫌いになるかはあなたの課題ではないからです。それもAさんとXさんの課題なのです。

あなたはAさんの感情やXさんの感情と自分の感情を分離すればいいのです。つまり、嫌われることを恐れないこと。噂話をされることを気にしないこと。これが課題の分離ができる健全な人の対応だと言えるでしょう。

部下の感情に責任を負ってはいけない

感情に関わる課題の分離において、管理職は「部下の感情に責任を負ってはいけない」という点についても注意を払う必要があります。

たとえば、あなたが部下に仕事を依頼したとしましょう。その時、部下は「なぜ私がやらなければならないのですか」という態度を取りました。

管理職であるあなたは、もちろん、よくよく考えたうえで部下に仕事を頼んだつもりです。しかし、部下は納得がいかない様子です。「私よりも暇な人がたくさんいるじゃないですか。なぜ私ばかり仕事が増えるのですか。不公平ではないですか」。部下がこのように感じているのは間違いありません。

しかし、あなたは作業の平準化という視点だけで仕事を割り振っているわけではありません。部下一人ひとりの能力を冷静に見極めています。また、「仕事を任せる」ことによる部下の能力開発も常々考えています。しかし、そうした思いは相手に伝わらなかったようです。

結局、仕事を依頼した部下は不満たらたらで引き受けました。そして、事あるごとに自分が大変であることをアピールします。あなたはそれを見るたびに「自分が責められている」と感じます。

「私の判断は間違っていたかもしれない…」

そんな思いに駆られることが増えました。

このケースにおいても、あなたは感情に関する課題の分離ができていないと言えます。

もし、あなたが熟慮の末に部下に仕事を依頼したのであれば、部下の機嫌がよかろうが悪かろうが、気にする必要はありません。部下の機嫌が悪いことに責任を感じてはいけません。仕事を割り当てられた部下が、どのような感情を持つかは部下の課題です。あなたの課題ではありません。

部下に対して適切に仕事を配分するという「責任」に関する課題は、あなたの課題です。しかし、仕事の割り当てによって、部下が喜ぶか悲しむかは、自分の課題ではない。上司は部下の感情に対して責任を負ってはいけないのです。

4 部下を支配しても、迎合してもいけない

今でこそ、アドラー心理学を学び、それを部下育成に応用できるようになった私ですが、かつては全く人を育てられませんでした。課題の分離ができておらず、部下に対して「支配」と「迎合」を繰り返していたのです。

名プレーヤーは必ずしも名監督ならず、とはよく言ったものです。かつての私はプレーヤーとして成功を収め、若くして管理職に昇進しました。しかし、管理職としての準備ができておらず、部下にどのように接するかで迷い、右往左往していました。

最初に私が取ったスタイルは「指示・命令型」つまり支配型でした。言葉はソフトなのですが、言っている内容は「私の言う通りにやってくれ」というものでした。

初めはやんわりと、余白を残して曖昧に。しかし、それでうまくいかないと、徐々に指示を具体的にしていきました。

「この資料はこのような構成で作ってくれ」

「このお客様にこのようなメールを送ってくれ」

「会議の進行プログラムはこの順序でいこう」

細かな指示を次々に出し、部下が「はい」と返事をして前に進めていくことを求めました。しかし、やがて部下たちは表情が暗くなっていきました。どうやら、私の命令に従うことが嫌になってきたようなのです。私はいつの間にか「支配」していたことに気づきました。そして、部下が暗い表情で仕事をしていることに対して、申し訳ない気持ちになりました。

同じ頃、部下が集まっては「小倉さんのやり方に納得がいかない」と批判をしているのを耳にしました。それを聞いた私はますます自分を責めるようになりました。「部下から受け入れられない上司はダメ上司である」。そう思ったのです。そして、私はどうすれば彼らの機嫌が直るか、必死に考えました。それからの私は部下に「自由気ままに」指示・命令と強制をやめればいいのだ、と。そして、思いついたのです。そして、私やらせることにしました。そうすることで、部下に機嫌よく仕事をしてもらおうと思ったのです。

「迎合」の果てに訪れた最悪の結果

しかし、その結果は最悪のものでした。当時、まだアドラー心理学も知らず、管理職としての信念も確立されていなかった私は、最悪の選択肢である「放任」を選択してしまったのです。

私が態度を変えた後、組織はあっという間に最低の状態に陥りました。部下たちの意識はどんどん低くなり、昼休みを過ぎてもオフィスに戻ってこないほど、規律が緩んでしまいました。意識だけでなく、業績も急降下しました。まずい…。このままでは組織が立ち行かなくなる…。

私は強烈な危機感を抱きました。そこで、再び命令と強制の支配型に戻すしかないと考えました。

「あなたたちに任せていたのでは大変なことになる。もう一度私が号令をかけ直す。しっかり指示を受け止めて頑張ってほしい」

すると、職場の雰囲気が変わるのがわかりました。

「せっかく自由にさせてもらっていたのに…」

「また前のように命令されるのか」

部下たちは、かつてのやり方に戻ることに強い拒否感を示したのです。部下たちのやる気がない。私の方針に反発を感じている。それを感じた私は「またもや、間違ったことをしてしまった」と強く反省しました。そして、部下たちが暗い表情で、不機嫌になっている原因はすべて自分であり、自分が悪いのだと思うようになりました。

同時に、こうも思いました。もう一度、自由気ままにやらせるしかないのか。再び放任するしかないのか、と。しかし、それでうまくいくとは到底思えません。私は「支配」と「迎合」の間を行ったり来たりしました。そして、どこに正解があるのかわからず、途方に暮れていました。

そんな時に出合ったのがアドラー心理学であり、それを活用したリーダーシップ理論です。私はようやく見えた出口に大きな安堵を覚えました。そして、早速、その考え方に基づいた組織マネジメント、人材育成を始めたのです。

その後、試行錯誤を繰り返しながら、私は「やはり、この道しかない」と確信するに至りました。それこそが本書でお伝えしている「ほめない」「叱らない」「教えない」部下育成法です。部下が自分の力で課題解決できるように勇気づける第三の道。

支配でも迎合でもない新しい方法なのです。

支配と迎合はコインの裏表

この私の経験からもわかる通り、支配と迎合はコインの裏表です。一見、正反対のようで、実は同じ考え方に基づいています。相手や場面によって、表になったり、裏になったりするだけです。

支配、迎合に陥ってしまう原因は何でしょうか。答えは境界線が引けていないということです。つまり、相手との関係で越えてはいけない境界線を引けていないから、自分が相手を支配してしまうし、相手からの支配を許す（迎合する）のです。

この悪循環を断ち切るには、相手との関係にきちんと境界線を引くしかありません。相手の課題に土足で踏み込むことをやめて、相手が自分の課題に踏み込んでくることにNOと言うのです。

そして、「感情」においてもきちんと境界線を引くことが大事です。相手の感情を変えようと支配しないことです。たとえ、嫌われても、陰口を言われても相手の感情を変えようとしないこと。そして、陰口やマイナスの感情に自分が支配されないようにすること。これらのことを肝に銘じておきましょう。

責任と感情の両面で境界線をしっかり引き、課題の分離ができるようになったら、それは上司としての「信念」を確立したことの証拠にもなるでしょう。これでようやく、リーダーとしてのスタンスが定まるのです。

5 上司の仕事は環境を作ること

社会心理学者のクルト・レビンが提唱した公式に「B＝f（P・E）」というものがあります。Bとは「Behavior（行動）」のこと。ここでは部下の行動と位置づけます。小文字のfは関数記号。そして、Pとは「Personality（性格や能力）」を指し、ここでは部下の性格や能力とします。Eは「Environment（環境）」で、上司が作る職場環境と定義すると、B＝f（P・E）は、次のように説明できます。

たとえば、部下がものすごく頑張って目標達成をしたとします。レビンの公式に当てはめると、その行動はP＝部下の性格や能力の素晴らしさと、E＝上司が作った職場環境の2つの要因によってもたらされたと考えます。

逆に、部下が全く頑張らず、目標を達成できなかった場合も同様です。上司はそんな時、その行動＝Bの原因を、P＝部下の性格や能力のせいばかりにしがちです。しかし、本当はE＝上司が作った職場環境の影響もある。つまり、部下の行動を作り出しているのは、上司の作る環境でもあるという視点を常に持っておく必要があるのです。

これまで学んできた「課題の分離」は、どちらかというと、適度に相手との距離を取りましょうというメッセージに集約できます。こう言うと、「上司は部下に影響を与えることはできないし、また影響を与えるべきではない」というふうに受け取られてしまうかもしれません。

しかし、私の本意はそこにはありません。お伝えしたいのは、まさにB＝f（P・E）、つまり、上司はE＝職場環境を作ることに専念し、それによって部下に間接的に影響を及ぼすべきだという提案です。適度な距離がいい。適度な距離を保つからこそ、逆に部下が自分の力で課題を解決する力が高くなる。そんな提案なのです。

無理に水を飲ませることはできない

You may take a horse to the water, but you cannot make him drink.
（馬を水辺に連れて行くことはできるが、馬に水を飲ませることはできない）

私が大きな気づきを得た西洋のことわざです。

不遜なたとえかもしれませんが、これを上司と部下に置き換えると、わかりやすいでしょう。ここで言うところの「水」は部下のやる気です。そして、「水辺」とは、水を飲みたくなるような環境、すなわちやる気が出るような環境です。上司は部下のために、やる気が出るような環境を作ることはできるが、無理矢理やる気を出させることはできない。このように理解すればいいのではないか。先に学んだB＝f（P・E）をわかりやすく解説すると、このことわざになると私は理解しています。

上司は部下の頭の中に手を突っ込んで、思考や価値観を変えることはできません。そうではなく、環境を作ることに専念するのです。たとえば、上司自身が範を示す。

もしくは、同僚たちの素晴らしい成功事例をリアルタイムで共有できるようにするのです。

そして、部下に「自然の結末」や「論理的結末」を体験させる。それこそがまさに環境を作ること。上司がすべきことです。

押しつけるから反発されるのです。適度な距離を置くことで、部下は自分の意思で選択するようになります。距離を置きつつ、上司が環境作りをすれば、それが部下を勇気づけ、サポートすることになる。私はそう思っています。

喉の渇いていない馬の口を水に突っ込むのではなく。水辺に連れて行く。そして、喉が渇くような環境を作る。繰り返しになりますが、その姿勢を貫くことが大切です。

ニーバーの言葉に表れる教育の神髄

神よ、願わくは我に
変えられることを変える勇気と

変えられないことを受け入れる忍耐力と
両者の違いを理解する知恵を与えたまえ

神学者ラインホールド・ニーバーの言葉です。

この言葉にある人との接し方は、アドラー心理学の考えに極めて近いため、アドラー信奉者たちに繰り返し引用されています。

私はこの言葉に込められた願いこそが、本書の「ほめない」「叱らない」「教えない」部下育成の神髄ではないかと思います。

課題を分離し、境界線を引く。しかし、傍観するのではなく、相手を変えようとするのでもなく、信じて見守る。環境を作ることに専念する。そうした上司の進むべき道が、この言葉に凝縮されているように思うのです。

本書に書かれた内容を実践しても、一朝一夕に結果は出ることはないでしょう。しかし、この方法以外に道はない。私はそう信じています。

ゆっくりとした足取りでもいい。

本書に共感してくださる管理職の皆さんと、この言葉を胸に、この道を信じて歩いて行きたいと思います。本書が悩める皆さんの一助になることを願います。

あとがき

フロイト、ユングと並び称されるアドラー心理学。しかし、これまでその教えが世の注目を集めることはありませんでした。

そのアドラー心理学が今、脚光を浴びています。これからは、本書で述べてきたようにビジネスにおける人材育成に応用される機会も増えていくことでしょう。

「はじめに」でも述べた通り、本書はこれまで子育てや児童教育で学ばれることが多かったアドラー心理学を企業組織に当てはめ、なおかつ、長年リーダーシップ開発を行ってきた筆者なりの解釈を加えたものです。そのため、アドラー心理学のメッセージと少し異なる内容もあるかもしれません。場合によっては、一部にアドラー心理学の定石に反する部分もあるでしょう。

しかし、部分的な相違はあるにせよ、全体を通じた思想や哲学はアドラーの教えと一致するはずです。恐らく、アドラー先生も草葉の陰からうなずきながら本書を見守ってくれるものと私は信じています。

本書を執筆するに当たっては、本書の核となる「勇気」および「勇気づけ」の定義をはじめとして、多くの部分で、私の師匠である有限会社ヒューマン・ギルド代表取締役、アドラー・カウンセリング指導者の岩井俊憲先生の教えを引用させていただきました。

私がアドラー心理学を学んだのは、岩井先生およびヒューマン・ギルド社が主催する研修やカウンセラー養成講座を通じてのことです。また、アドラーの書籍を精読するに当たり、岩井先生から解釈や読み方のご助言もいただきました。改めて、岩井先生に感謝の意を表したいと思います。ありがとうございました。

また、本書の執筆では、アドラーおよびその高弟であるルドルフ・ドライカース、ハロルド・モサック、ドン・ディンクマイヤー、W・B・ウルフなどの著作の日本語版を参考とさせていただきました。これらの翻訳をしてくださった岸見一郎先生、岩井先生をはじめとする先達のご尽力に敬意を表したいと思います。
長年にわたりアドラー心理学を啓蒙されてきた諸先輩方とともに、アドラーの教えが企業の人材育成に根付くことを祈念いたします。

心理カウンセラー、組織人事コンサルタント　小倉　広

■著者紹介

小倉 広（おぐら・ひろし）

株式会社小倉広事務所代表取締役。組織人事コンサルタント、アドラー派の心理カウンセラー。日経 BIZ アカデミー、日経ビジネス課長塾、SMBC コンサルティング講師。

大学卒業後、リクルート入社。その後、ソースネクスト常務などを経て現職。大企業の中間管理職、ベンチャー企業役員、自ら興した会社の社長と、様々な立場で組織を牽引してきた。コンサルタントとしての 20 年の経験を基に、対立を合意に導く「コンセンサスビルディング」の技術を確立し、普及に力を注ぐ。また、悩める 30 代のビジネスパーソンを救うメンターとしても知られる。

『任せる技術』『やりきる技術』（日本経済新聞出版社）、『自分でやった方が早い病』（星海社新書）など著書多数。2014 年 2 月に上梓した『アルフレッド・アドラー 人生に革命が起きる 100 の言葉』（ダイヤモンド社）はベストセラーに。

アドラーに学ぶ部下育成の心理学

2014年8月18日　第1版第1刷発行

著　者　小倉 広
発行者　高畠 知子
発　行　日経BP社
発　売　日経BPマーケティング
〒108-8646　東京都港区白金1-17-3　NBF プラチナタワー
電話　03-6811-8650（編集）
03-6811-8200（営業）
http://ec.nikkeibp.co.jp/

装丁　水戸部 功
編集　村上 広樹
制作　アーティザンカンパニー株式会社
印刷・製本　中央精版印刷

ISBN978-4-8222-5030-0